Rechenrabe 2

Mein Mathematikbuch

Autorinnen
Annabel Kandel
Manuela Mehl
Heidi Schmidt
Mona Sommer
Jannike Thomas

Beraterinnen
Solveig Haegeler
Sandra Keuken
Teresa Kunter
Petra Manthey
Ruth Wörner-Ernst
Silke Weinert

Ernst Klett Verlag
Stuttgart · Leipzig · Dortmund

		Schülerbuch	Arbeitsheft	Testheft
Wiederholung: Rechnen bis 20	Sachaufgaben lösen	4	2	
	Plus- und Minusaufgaben	6	3	
	Tauschaufgaben und Umkehraufgaben	8	5	
	Aufgabenrollen	9	6	
	Zahlenmauern, Zauberdreiecke	10	7	
Der Zahlenraum bis 100	Mit Zehnerzahlen rechnen	12	9	
	Mit Geld rechnen	13	10	
	Zählen und Bündeln, Zehner und Einer	14	11	
	Zahlen darstellen	16	13	1
	Die Hundertertafel	18	15	
	Der Zahlenstrahl	20	17	2
Geometrie	Figuren legen	22	19	
	Muster legen und zeichnen	24	20	3
Förderheft 2–19, 74	Wiederholung	26	21	
Forderheft 4–12	Rückblick	28		
	Knobeln mit Formen	29	22	
Addieren und Subtrahieren	Plus und Minus ohne Zehnerübergang	30	23	
	Plus und Minus mit Zehnerübergang	32	25	4 5
	Gleichungen und Ungleichungen	34	27	
	Klecksaufgaben und Rechentabellen	35		
	Plus und Minus mit Zehnerzahlen	36	28	
	Rabomaten	37	29	6
	Plus und Minus ohne Zehnerübergang	38	30	
	Zahlenfolgen	40	32	7
Längen	Längen vergleichen	41		
	Mit Körpermaßen messen	42		
	Meter und Zentimeter	43	33	
	Projekt: Körperpass	46		
Sachrechnen	Mit Texten und mit Skizzen arbeiten	47	35	8
	Sachrechnen mit Längen	49		
Förderheft 20–24, 27–31, 35–36, 76	Wiederholung	50	37	
Forderheft 13–15, 20–22, 26, 59	Rückblick	52		
	Knobeln mit Texten	53	38	
Multiplizieren und Dividieren	Malnehmen	54	39	
	Tauschaufgaben	57	41	
	Aufteilen und Verteilen	58	42	9
	Umkehraufgaben, Aufgabenfamilien	61	43	10
Einmaleins mit 0, 1, 10, 5 und 2	Einmaleins mit 1 und 0	63	45	
	Einmaleins mit 10 und 5	64	46	
	Einmaleins mit 2	66	47	11
	Gerade und ungerade Zahlen	67	48	
	Verdoppeln und Halbieren nutzen	68	48	
	Quadratzahlen	69	49	12
	Kernaufgaben zuerst	70	50	
	Malpyramiden und Aufgabenfamilien	71	51	
	Klecksaufgaben und Zahlenrätsel	72	52	
	Textaufgaben hinterfragen	73	53	
Geometrie	Mit dem Spiegel experimentieren	74	54	
	Symmetrische Figuren legen und falten	75		
	Geobrett	78	55	13
Förderheft 38–51, 65–70	Wiederholung	80	56	
Forderheft 2–3, 34–42, 52–55	Rückblick	82		
	Knobeln mit Formen	83	57	

		Schülerbuch	Arbeitsheft	Testheft
Einmaleins mit 4, 8, 3, 6, 9 und 7	Kernaufgaben zusammensetzen	84	58	
	Einmaleins mit 4 und 8	85	59	
	Malpyramiden	87	61	
	Einmaleins mit 3 und 6	88	62	
	Einmaleins mit 9 und 7	90	64	14
	Die 1 · 1 Tafel	92	66	
	Malaufgaben üben	93	67	
	Zahlenrätsel	94	68	15
	Teilen mit Rest	95	69	16
Zeit	Der Kalender	97	70	
	Zeit vergleichen	98		
	Zeitmesser bauen und nutzen	99		
	Die Uhr, Zeitpunkt und Zeitspanne	100	71	17
Raumgeometrie	Körper	102	74	
	Bauen und Schauen	103	75	
	Würfelcity	104	76	18
	Bauen und Rechnen	106	77	
	Wege finden	107		
	Wiederholung	108	78	
	Rückblick	110		
Förderheft 52–64, 71–73, 77–79				
Forderheft 43–51, 56–58	Knobeln mit Blickrichtungen	111	79	
Addieren und Subtrahieren	Plusaufgaben mit Zehnerübergang	112	80	
	Plusaufgaben üben	113	81	19
	Minusaufgaben mit Zehnerübergang	114	82	
	Minusaufgaben üben	115	83	20
	Plus und Minus: vorteilhaft rechnen	116	84	
	Klecksaufgaben und Zauberdreiecke	118	85	
	Mit Zahlenmauern experimentieren	120	87	
Geld/Sachrechnen	Euro und Cent	122	88	
	Sachrechnen mit Geld	124	89	21
Kombinatorik und Zufall	Kombinieren	125	90	
	Zufall und Wahrscheinlichkeit	126	91	
Sachrechnen	Mit Gleichungen arbeiten	128	92	
	Mit Tabellen arbeiten	129	93	
	Mit Diagrammen arbeiten	130	94	
	Mit Daten und Tabellen arbeiten	131	94	22
	Wiederholung	132	95	
	Rückblick	134		
Förderheft 25–26, 32–34, 37, 75, 80	Knobeln mit Zahlen	135	96	
Forderheft 16–19, 23–33, 60–64	Basiswissen	136		

Verweis auf Mein Testheft – zur selbstständigen Lernstandserfassung

Sachaufgaben lösen

1 Erzähle. Welche Fragen stellst du?

	Lösungsschritte für Sachaufgaben
F	1. FRAGE! Was ist gefragt?
L	2. LÖSE! Wie kannst du die Aufgabe lösen?
A	3. ANTWORTE! Schreibe einen Antwortsatz zur Frage.

2 a) Sophie kauft:

Wie viel muss Sophie bezahlen?

F: Wie viel muss Sophie bezahlen?
L: 7 € + 6 € = ☐ €
A: Sophie muss ☐ € bezahlen.

b) Till kauft:

Wie viel muss Till bezahlen?

c) Kiara kauft:

Wie viel muss Kiara bezahlen?

3 a) Maja hat:

Sie kauft:

Wie viel bekommt Maja zurück?

F: Wie viel bekommt Maja zurück?
L: 11 € + 6 € = ☐ €
   20 € − ☐ = ☐ €
A: Maja bekommt ☐ € zurück.

b) Jan hat:

Er kauft:

Wie viel bekommt Jan zurück?

c) Lilli hat:

Sie kauft: ☐ ☐ ☐

Wie viel bekommt Lilli zurück?

1 Zum Bild erzählen. Lösungsschritte für Sachaufgaben erarbeiten. 2 Informationen aus dem Bild entnehmen. Zu den Rechengeschichten Gleichungen finden und lösen. Lösungswege beschreiben. Hefteintrag bei Sachaufgaben einführen. 3 Die Kaufpreise und das Rückgeld berechnen. c) Eigene Rechengeschichte zu vorgegebenem Betrag finden, Kaufpreis und Rückgeld berechnen.

→ Arbeitsheft, Seite 2

Sachaufgaben lösen

1 Erzähle. Welche Fragen stellst du?

2 Welche Fragen kannst du beantworten? Entscheide, löse und antworte.

a)

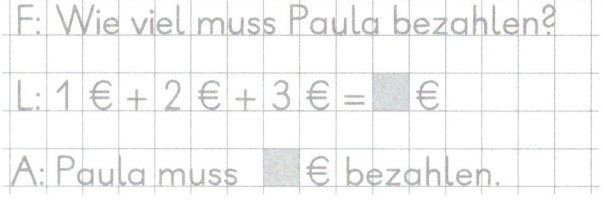

Wie viel muss Paula bezahlen?
Wie viel Geld bekommt sie zurück?

b)

Wie viel kosten die 3 Eis?
Wie alt sind die Kinder zusammen?

c)

Wer hat mehr Geld übrig?
Wer muss mehr bezahlen?

d) Beim Klassenausflug sind 18 Kinder und 2 Erwachsene dabei.
Wie viele Kinder kaufen ein Eis?
Passen alle auf das Schiff?
Wann kommt das Schiff an?

e) Erzählt euch Rechengeschichten.

1 Zum Bild erzählen und passende Fragen finden (z.B. Frage nach Eispreisen, Abfahrtzeiten). **2** Entscheiden, welche Frage jeweils beantwortet werden kann. Diese Frage aufschreiben, lösen und beantworten. **e)** Eigene Rechengeschichten erzählen, Fragen finden, lösen und beantworten.

→ Arbeitsheft, Seite 2

Plusaufgaben

1 Kontrolliere mit den Lösungszahlen. Eine Zahl bleibt übrig.

a) 5 + 2	b) 3 + 5	c) 6 + 2	d) 4 + 5	e) 4 + 4
4 + 3	8 + 1	7 + 0	3 + 3	1 + 8
7 + 1	2 + 7	2 + 3	9 + 0	5 + 5
3 + 6	1 + 9	5 + 4	6 + 4	0 + 7
7 7 8 8 9	7 8 9 9 10	5 6 7 8 9	5 6 9 9 10	6 7 8 9 10

2 Rechne.

15 + 3

15 + 3 = ☐
5 + 3 = 8

12 + 6   16 + 1   12 + 5

11 + 4   13 + 2   0 + 19

18 + 2   15 + 4   13 + 7

Hier hilft die kleine Aufgabe.

3 Rund um die 10. Schreibe im Heft.

a) 7 + ☐ = 10	b) 2 + ☐ = 10	c) 6 + 4 + 2	d) 9 + 1 + 4
5 + ☐ = 10	6 + ☐ = 10	7 + 3 + 5	5 + 5 + 6
8 + ☐ = 10	1 + ☐ = 10	8 + 2 + 1	4 + 6 + 3
3 + ☐ = 10	4 + ☐ = 10	5 + 5 + 3	3 + 7 + 8

4

Ich ergänze zuerst bis zur 10.

6 + 7

6 + 7 = 13
6 + 4 = 10
10 + 3 = 13

6 + 7 = 13
6 + 6 = 12
12 + 1 = 13

Ich verdopple zuerst.

Ich rechne anders.

5

a) 9 + 2	b) 5 + 6	c) 6 + 9	d) 4 + 7
7 + 5	8 + 8	5 + 7	8 + 5
6 + 8	9 + 4	8 + 3	9 + 9
4 + 9	7 + 8	9 + 7	5 + 9
11 12 13 13 14	11 12 13 15 16	11 12 13 15 16	11 13 14 17 18

6 — 1 Additionsaufgaben ohne Zehnerübergang lösen. 2 Große Aufgaben mithilfe der kleinen Aufgabe lösen. 3 Ergänzen bis 10 bzw. Addieren bis 10 und dann weiter. 4, 5 Additionsaufgaben mit Zehnerübergang lösen. Strategien wiederholen (zuerst bis zur 10, Verdoppeln, Tauschen, Nachbaraufgaben, Rechnen mit der 9). 1, 5 Mit den grünen Lösungszahlen kontrollieren.

→ Arbeitsheft, Seite 3

Minusaufgaben

1 Kontrolliere mit den Lösungszahlen. Eine Zahl bleibt übrig.

a) 5 – 2	b) 8 – 6	c) 3 – 2	d) 5 – 4	e) 9 – 8
7 – 1	3 – 3	9 – 4	6 – 3	7 – 4
6 – 4	9 – 2	7 – 3	8 – 0	10 – 6
9 – 5	7 – 5	8 – 2	10 – 5	3 – 0

🗝
- 2 3 4   5 6
- 0 2 2   3 7
- 1 3 4   5 6
- 0 1 3   5 8
- 0 1 3   3 4

2 Rechne.

17 – 3

1 7 – 3 =
7 – 3 = 4

14 – 2   19 – 7   18 – 7

16 – 2   12 – 0   19 – 6

18 – 5   15 – 3   20 – 6

Hier hilft die kleine Aufgabe.

3 Rund um die 10. Schreibe im Heft.

a) 14 – ▢ = 10	b) 13 – ▢ = 10	c) 12 – 2 – 4	d) 13 – 3 – 6
16 – ▢ = 10	11 – ▢ = 10	15 – 5 – 3	16 – 6 – 9
12 – ▢ = 10	18 – ▢ = 10	18 – 8 – 1	11 – 1 – 8
17 – ▢ = 10	15 – ▢ = 10	14 – 4 – 2	17 – 7 – 5

4

Ich rechne zuerst bis zur 10.

16 – 9

16 – **9** = 7
16 – **6** = 10
10 – **3** = 7

16 – **9** = 7
16 – **8** = 8
8 – **1** = 7

Ich halbiere zuerst.

Ich rechne anders.

5

a) 12 – 4	b) 13 – 7	c) 14 – 8	d) 17 – 9
15 – 6	18 – 9	11 – 3	12 – 6
14 – 7	11 – 8	13 – 4	14 – 5
11 – 9	12 – 5	12 – 7	15 – 8

🗝
- 2 6 7   8 9
- 3 6 7   8 9
- 5 6 7   8 9
- 5 6 7   8 9

---

1 Subtraktionsaufgaben ohne Zehnerübergang lösen. **2** Große Aufgaben mithilfe der kleinen Aufgabe lösen. **3** Subtrahieren zuerst bis zur 10 und dann weiter. **4, 5** Subtraktionsaufgaben mit Zehnerübergang lösen. Strategien wiederholen (zuerst bis zur 10, Halbieren, Nachbaraufgaben, Rechnen mit der 9). **1, 5** Mit den grünen Lösungszahlen kontrollieren.

→ Arbeitsheft, Seite 4

Tauschaufgaben und Umkehraufgaben

○ 1 Rechne Plusaufgaben. Schreibe auch die Tauschaufgabe.

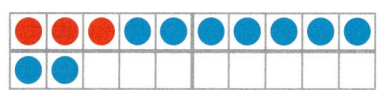 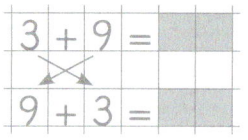 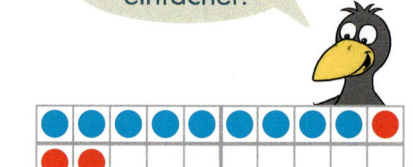

9 + 3 finde ich einfacher.

	a)	b)	c)	d)	e)
	3 + 9	2 + 10	5 + 14	12 + 7	0 + 8
	2 + 5	5 + 13	1 + 19	11 + 4	3 + 7
	7 + 6	8 + 12	6 + 5	5 + 9	8 + 6
	1 + 8	2 + 12	11 + 8	7 + 7	5 + 7
	8 + 5	4 + 8	7 + 4	8 + 9	8 + 8

○ 2 Rechne Minusaufgaben. Kontrolliere mit der Umkehraufgabe.

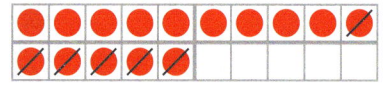 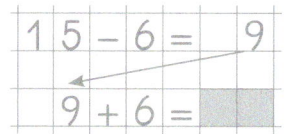 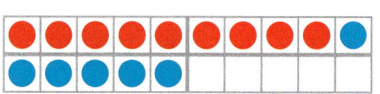

	a)	b)	c)	d)	e)
	15 − 6	12 − 3	17 − 9	12 − 5	13 − 8
	10 − 1	16 − 9	15 − 7	19 − 19	11 − 9
	11 − 4	17 − 5	14 − 6	15 − 11	14 − 7
	13 − 6	19 − 4	18 − 9	16 − 7	17 − 14
	6 − 5	20 − 6	16 − 8	18 − 13	12 − 6

○ 3 Schreibe Aufgabenfamilien.

a)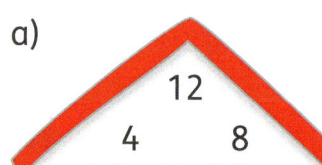

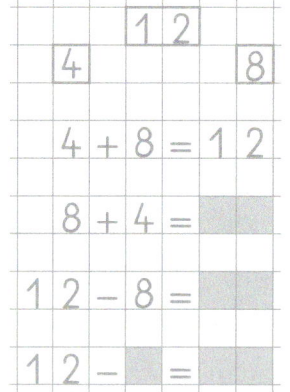

e)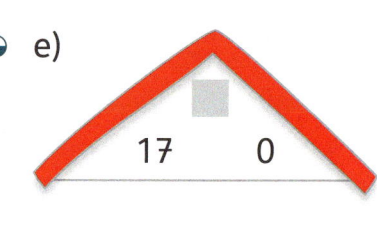

b)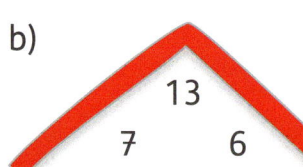

f)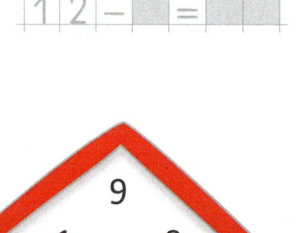

c) (19, 16, 3)

d) (9, 1, 8)

g)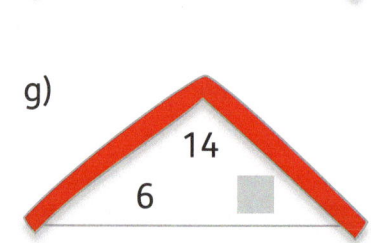

1 Additionsaufgaben und ihre Tauschaufgaben notieren und lösen. 2 Subtraktionsaufgaben lösen und mit den Umkehraufgaben kontrollieren. Bei Bedarf die Aufgaben am Zwanzigerfeld legen. 3 Aufgabenfamilien bilden. Alle Aufgaben ergeben sich aus den vorgegebenen Zahlen im Dach. Zwei Zahlen reichen aus, um alle Aufgaben einer Familie zu finden.

→ Arbeitsheft, Seite 5

Aufgabenrollen

1 Rechne und setze fort.

a)
4 + 1
4 + 2
4 + 3
4 + 4

b)
10 + 3
11 + 3
12 + 3
13 + 3

c)
9 + 2
8 + 3
7 + 4
6 + 5

d)
3 + 8
5 + 7
7 + 6
9 + 5

2 a)
10 − 9
10 − 8
10 − 7
10 − 6

b)
20 − 5
19 − 5
18 − 5
17 − 5

c)
11 − 3
12 − 4
13 − 5
14 − 6

d)
20 − 11
18 − 10
16 − 9
14 − 8

3 a)
9 − 8
7 − 7
10 − 6
8 − 5

b)
2 + 2
4 + 4
3 + 6
5 + 8

c)
12 − 3
14 − 5
12 − 4
14 − 6

d)
10 + 2
8 + 4
10 + 3
8 + 5

4 Schreibt die Aufgabenrollen ins Heft und rechnet.

a) Die erste Zahl wird immer um 2 größer. Die zweite Zahl bleibt immer gleich.
4 + 3
☐ + ☐

b) Die erste Zahl bleibt immer gleich. Die zweite Zahl wird immer um 3 kleiner.
19 − 19
☐ − ☐

5 a) Die erste Zahl wird immer um 1 größer. Die zweite Zahl wird immer um 2 kleiner.
3 + 14
☐ + ☐

b) Die erste Zahl wird immer um 2 kleiner. Die zweite Zahl wird immer um 1 größer.
20 − 1
☐ − ☐

c) Die erste Zahl wird immer um 4 größer. Die zweite Zahl wird immer um 1 kleiner.
2 + 10
8 − 8

Was passiert mit den Ergebnissen?

1–3 Aufgabenrollen für die Addition und Subtraktion bearbeiten: rechnen, entdecken und fortführen. Strukturen versprachlichen. Bei Bedarf Aufgaben am Zwanzigerfeld legen, um die Struktur zu entdecken. **4, 5** Aufgabenrollen entsprechend der Regeln fortsetzen bzw. eigene Aufgaben finden. **5** Regeln für die Ergebnisse formulieren.

→ Arbeitsheft, Seite 6

Zahlenmauern

1 a) 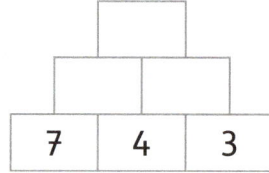      b)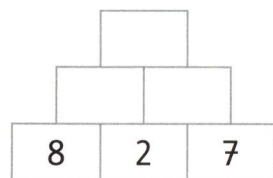

c) 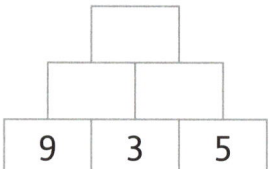   d) 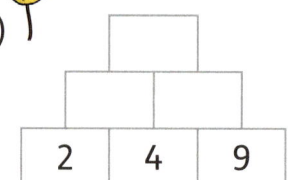   e)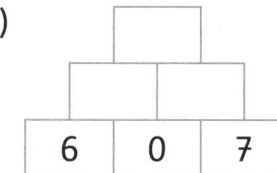

2 a) 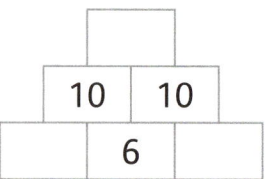   b) 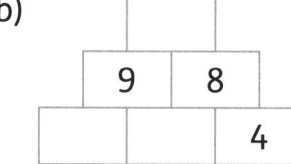   c)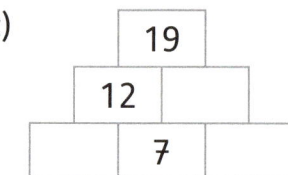

3 Lege Zahlenmauern.

a)
9	2	5
6	14	3

b)
2	11	6
4	9	17

c)
3	8	19
12	4	7

d)
17	1	5
4	8	12

e)
1	9	13
18	5	4

f)
11	6	3
9	8	20

4 Lege Zahlenmauern. Welche Karte bleibt übrig?

a) 12, 5 / 7, 15, 8 / 3, 20

b) 1, 5 / 16, 9, 10 / 6, 11

c) 13, 8 / 5, 4, 1 / 4, 9

5 Löse durch Probieren.

a) 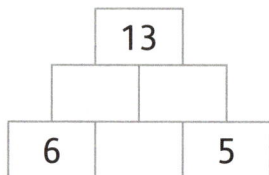   b) 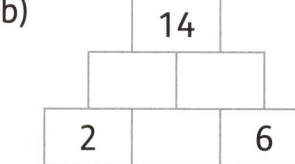   c)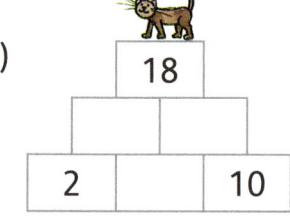

Zauberdreiecke

1 Löse die Zauberdreiecke.

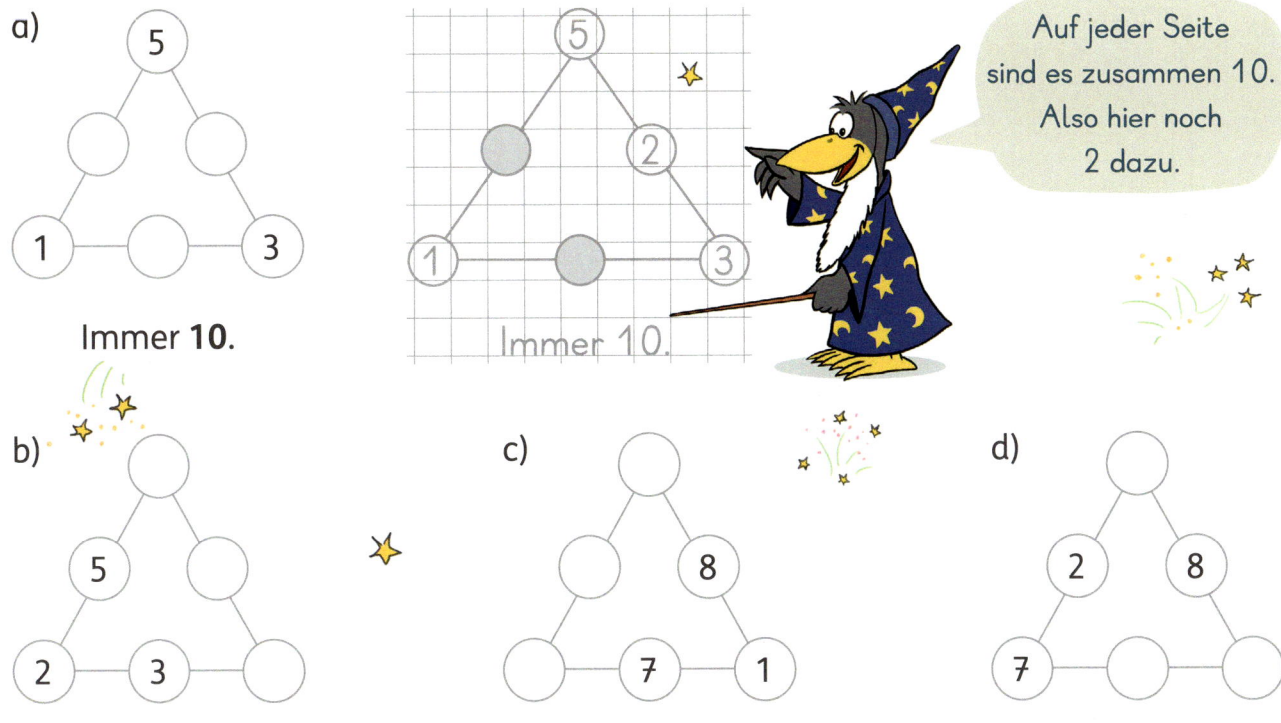

a) Immer **10**.
b) Immer **11**.
c) Immer **12**.
d) Immer **13**.

2 Finde zuerst die Zauberzahl.

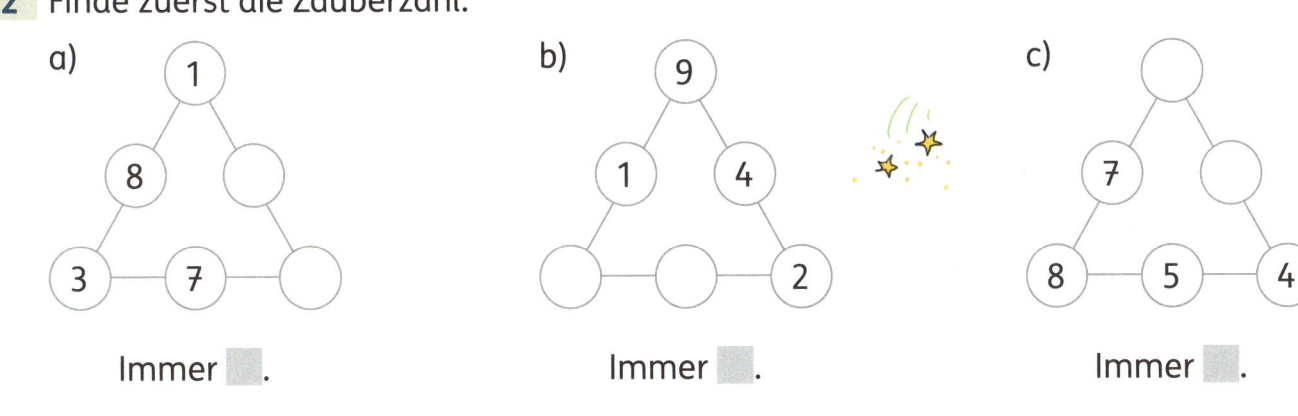

a) Immer ▢.
b) Immer ▢.
c) Immer ▢.

3 Löse durch Probieren.

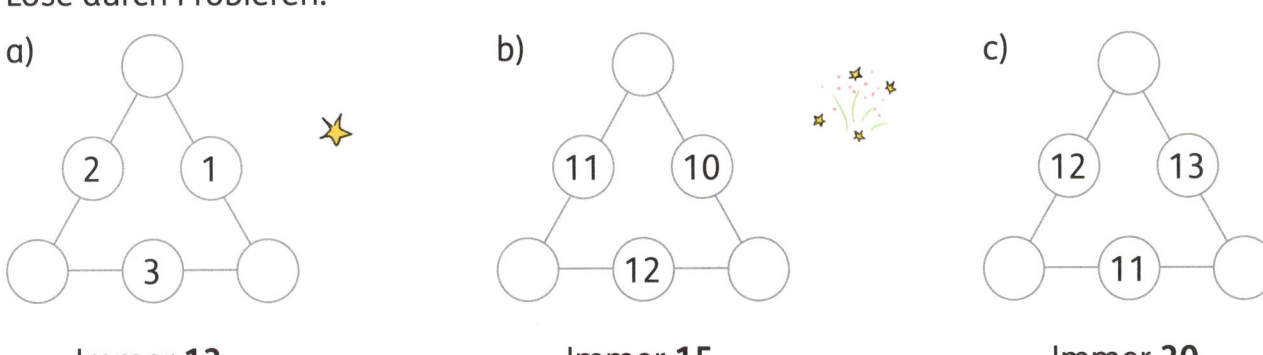

a) Immer **12**.
b) Immer **15**.
c) Immer **20**.

4 Finde Dreiecke mit der Zauberzahl 14. Nutze `0` bis `9`.

1–4 Aufbau eines Zauberdreiecks wiederholen: Seite, Linie, Zauberzahl. Die Seiten sind immer summengleich (= Zauberzahl). Keine Zahl wird im Zauberdreieck mehrfach verwendet. Zauberdreiecke ins Heft übertragen oder KV nutzen. **2** Zunächst die Zauberzahl berechnen, dann die fehlenden Zahlen. **3, 4** Mit Zahlenkarten probieren (KV nutzen).

→ Arbeitsheft, Seite 8

Mit Zehnerzahlen rechnen

1 Zeige Zehnerzahlen am Hunderterfeld. Finde Aufgaben und rechne.

2 Finde beide Aufgaben und rechne.

a) 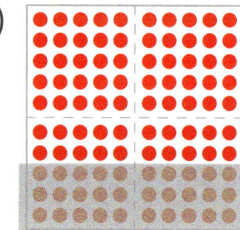   b) 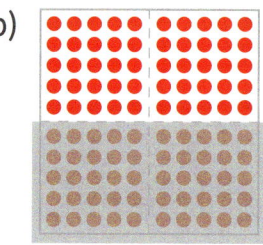   c)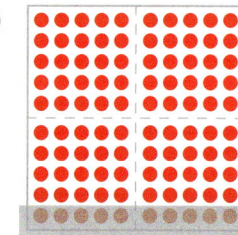

d) 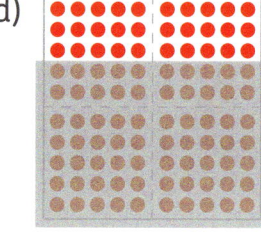   e) 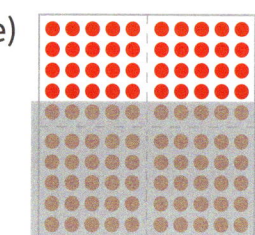   f) 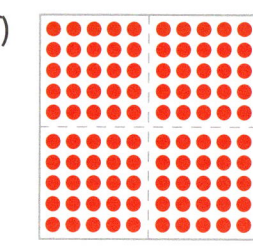   g)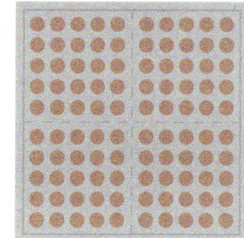

3
a) 30 + 40
   10 + 80
   30 + 20
   50 + 0
   20 + 70

b) 90 − 30
   70 − 50
   60 − 0
   80 − 40
   90 − 70

c) 70 + ☐ = 100
   40 + ☐ = 90
   30 + ☐ = 70
   50 + ☐ = 80
   10 + ☐ = 100

d) 100 − ☐ = 20
   80 + ☐ = 100
   100 − ☐ = 50
   20 + ☐ = 100
   100 − ☐ = 80

50 50 70   20 20 40   30 30 40   20 20 50
70 90 90   40 60 60   50 80 90   50 80 80

4 a)    b) 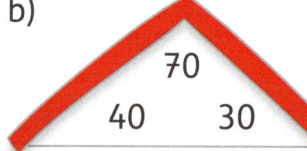   c)

1 Hunderterfeld einführen (Beilage). Zahlen und Aufgaben am Hunderterfeld finden, zeigen und rechnen. 2 Jeweils beide Aufgaben an den dargestellten Hunderterfeldern erkennen, notieren und lösen. 3 Rechnen mit Zehnerzahlen. 4 Zu den vorgegebenen Zahlen alle Aufgaben einer Familie finden (KV nutzen).

→ Arbeitsheft, Seite 9

Mit Geld rechnen

1 Beschreibt die Euro-Scheine. Welche Unterschiede gibt es?

2 Wie viel Euro sind es?

a)
20 € + 10 € =

b)

c)

d)

e)

f)

g)

h)

3 Legt und rechnet.

50 € + ☐ € = 100 €
20 € + ☐ € = 70 €
70 € + ☐ € = 100 €
40 € + ☐ € = 70 €
20 € + ☐ € = 100 €

30   30   50   50   80   80

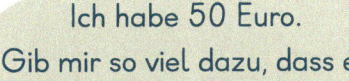

Ich habe 50 Euro. Gib mir so viel dazu, dass es 100 Euro werden.

4 Lege und rechne.

0 € + ☐ € = 50 €
75 € + ☐ € = 100 €
45 € + ☐ € = 50 €
95 € + ☐ € = 100 €
25 € + ☐ € = 50 €

5   5   25   25   50   50

5 Frage, löse und antworte.

Kai hat 6 Euro-Münzen, die er in einen Schein umtauschen kann.

1 Zum Kennenlernen der Geldscheine Rechengeld verwenden. Scheine beschreiben. Besprechen, welche Scheine es noch gibt. **2** Geldbeträge addieren. **3, 4** Geldbeträge ergänzen. **3** In Partnerarbeit mit Rechengeld legen, damit deutlich wird, aus welchen Scheinen sich die Beträge zusammensetzen können (einen 30-Euro-Schein gibt es z. B. nicht). **5** Sachaufgabe lösen.

→ Arbeitsheft, Seite 10

Zählen und Bündeln

1 Wie viele Plättchen hat jedes Kind? Wo kannst du leicht zählen? Begründe.

2 Legt viele Plättchen auf einen Teller.
Schätzt, wie viele es sind.
Legt und zählt.
Wer hat am besten geschätzt?

3 Wie viele Zehner? Wie viele Einer? Schreibe in die Stellenwerttafel.

a)    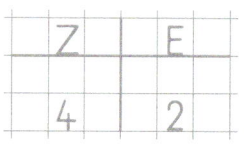   b)

c) 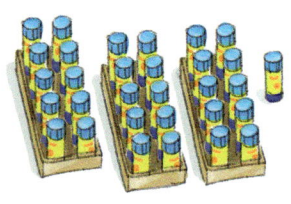   d) 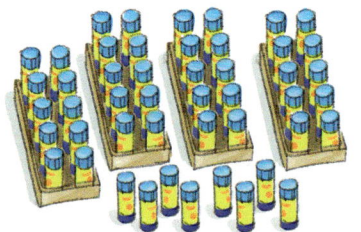   e)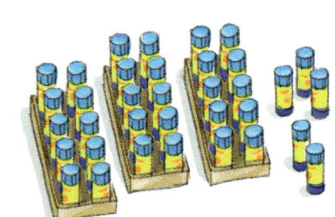

f)    g)    h)

---

1 Mit Bündelungen Mengen überschaubar darstellen. **2** Schätzen und mit geeigneten Bündelungen überprüfen. **3** Zehnerbündelungen im Bild erkennen und die Zahlen nach Zehnern und Einern geordnet in eine Stellenwerttafel im Heft eintragen.

→ Arbeitsheft, Seite 11

Zehner und Einer

○ 1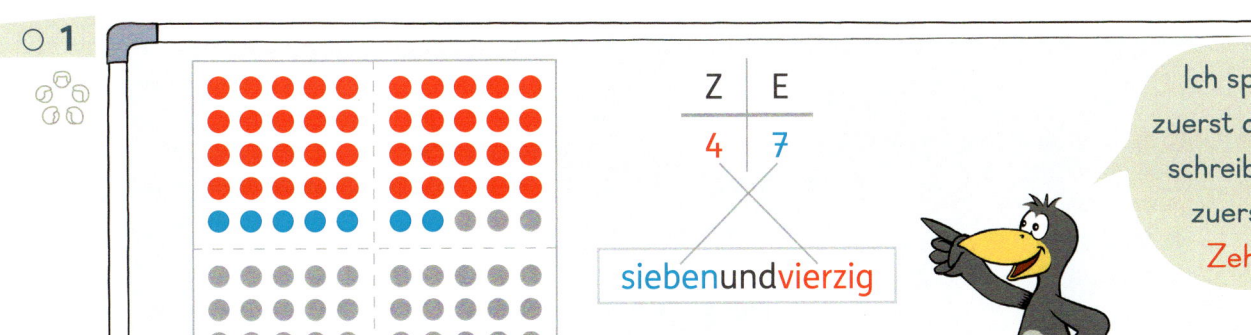

○ 2 Lege auf dem Hunderterfeld und schreibe auf.

a) 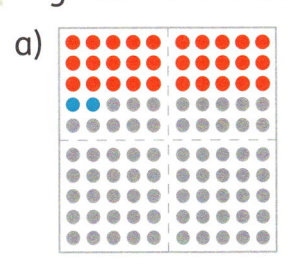   b) 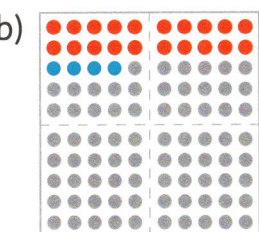   c) 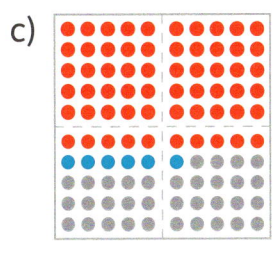   d)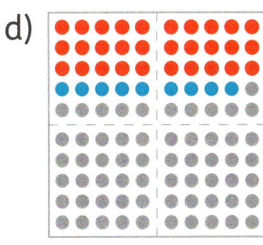

3 2 = 3 0 + 2

e) 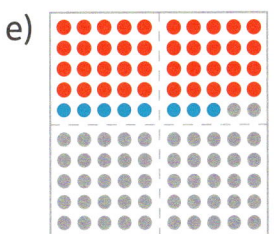   f) 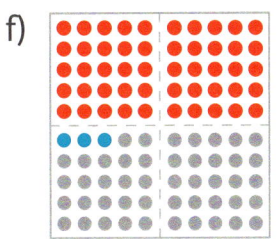   g) 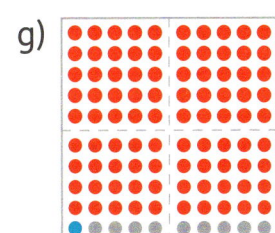   h)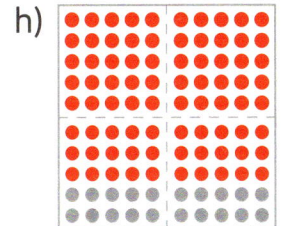

○ 3 Lege auf dem Hunderterfeld.

a)
Z	E		Z	E		Z	E
6	1		3	5		8	0

Z	E		Z	E		Z	E
5	8		2	7		4	9

b) 42   37   28
   63   76   54
   95   19   37

● 4 a) Lies und schreibe die Zahlen in die Stellenwerttafel.

vierundachtzig   neunundneunzig

dreiundsiebzig   fünfunddreißig

b) Kennst du Zahlen in anderen Sprachen?

Zahlen darstellen: Geheimschrift

○ 1

○ 2 Schreibe die Zahlen in Geheimschrift. Trage sie in eine Stellenwerttafel ein.

a) 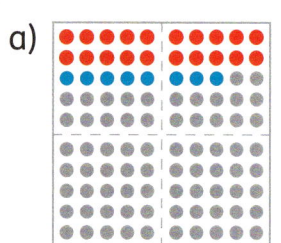 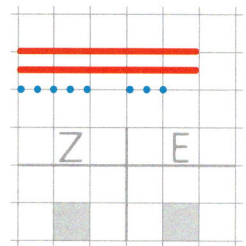 b) 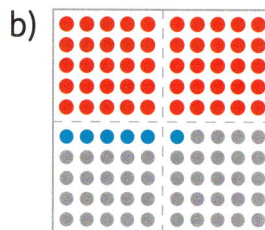 c)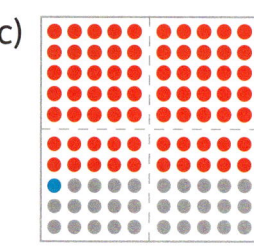

d) 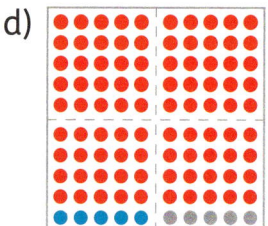 e) 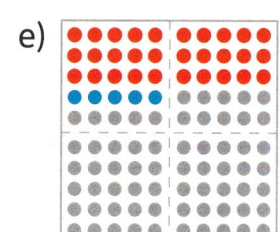 f) 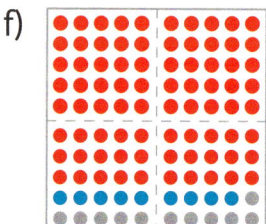 g)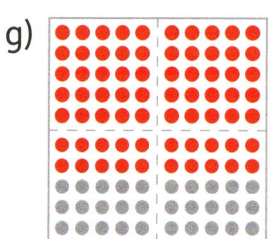

○ 3 Trage die Zahlen in eine Stellenwerttafel ein.

a)  b)  c)  d)

e)  f)  g)  h)

○ 4 Schreibe in Geheimschrift.

a)
Z	E
2	5

Z	E
7	3

Z	E
3	7

b) 52   90   49   21   14

1 Das Strich-Punkt-Modell (Geheimschrift) zur Zahldarstellung kennenlernen. 2 Geheimschrift im Heft üben. Tipps zur Heftführung: Ein Strich ist fünf Kästchen lang. Analog den Punkten im Hunderterfeld nach je fünf Einerpunkten bzw. Zehnerlinien eine Lücke lassen. 3 Die Zahlen in eine Stellenwerttafel eintragen. 4 Geheimschrift im Heft üben.

→ Arbeitsheft, Seite 13

Zahlen darstellen: Steckbriefe

1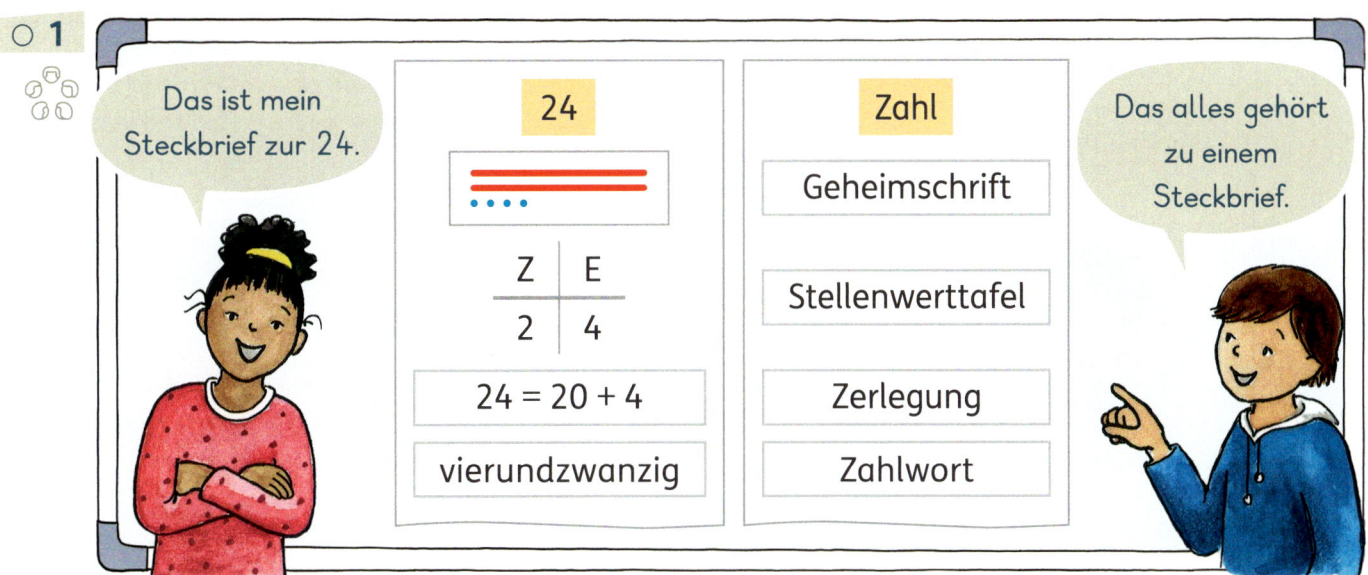

2 Schreibe ab und vervollständige die Steckbriefe.

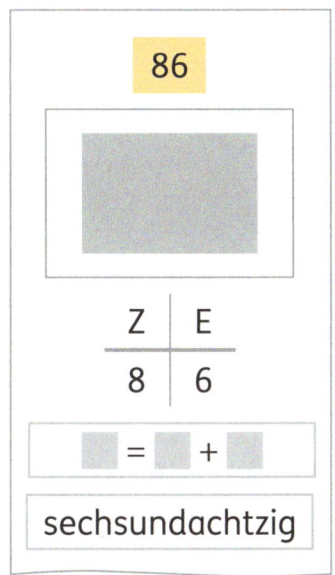
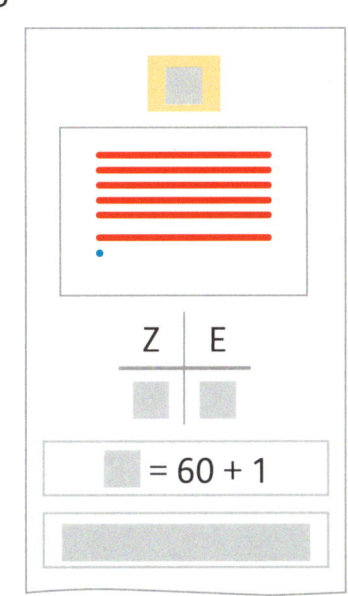
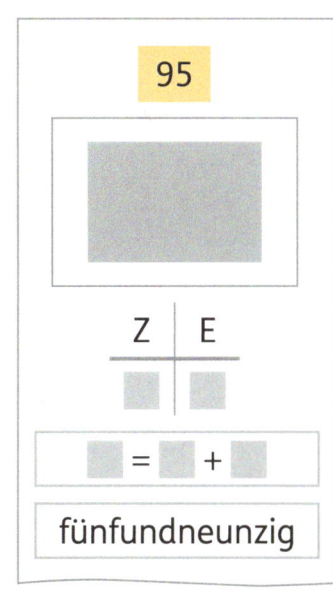

3 Steckbriefpuzzle: Bildet 4 Steckbriefe. Was fehlt? Ergänzt.

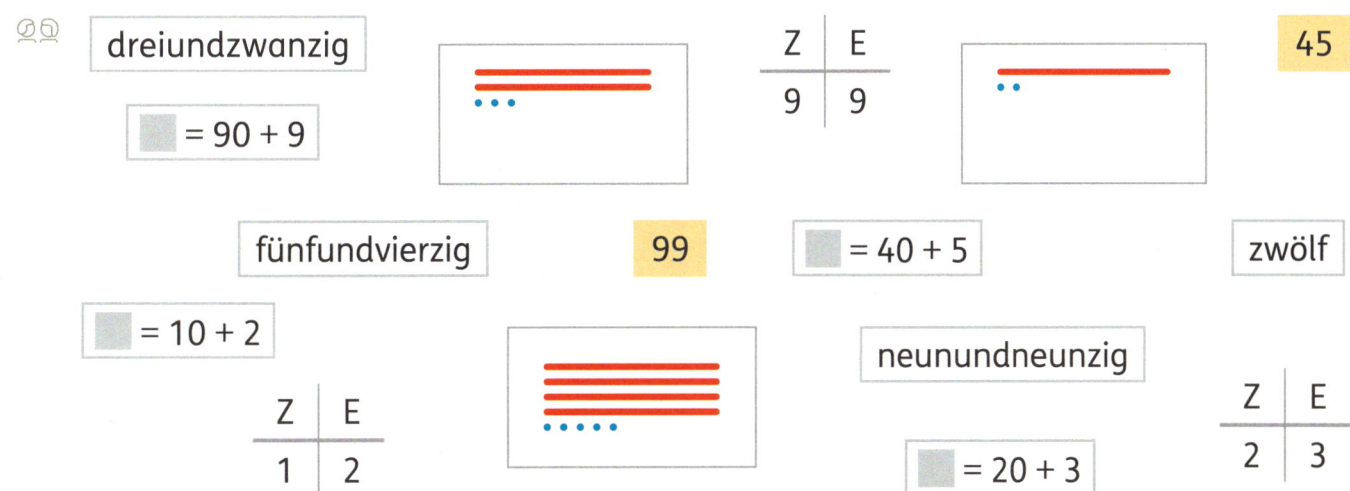

1 Steckbrief: Zusammenhang zwischen Zahl, Geheimschrift, Stellenwerttafel, Zerlegung und Zahlwort erkennen und Zahlen unterschiedlich darstellen. 2 Steckbriefe vervollständigen (KV nutzen). 3 Mit einem Partner oder einer Partnerin Steckbriefe aus den Puzzleteilen erstellen und die fehlenden Teile ergänzen (KV nutzen).

→ Arbeitsheft, Seite 14

Die Hundertertafel

1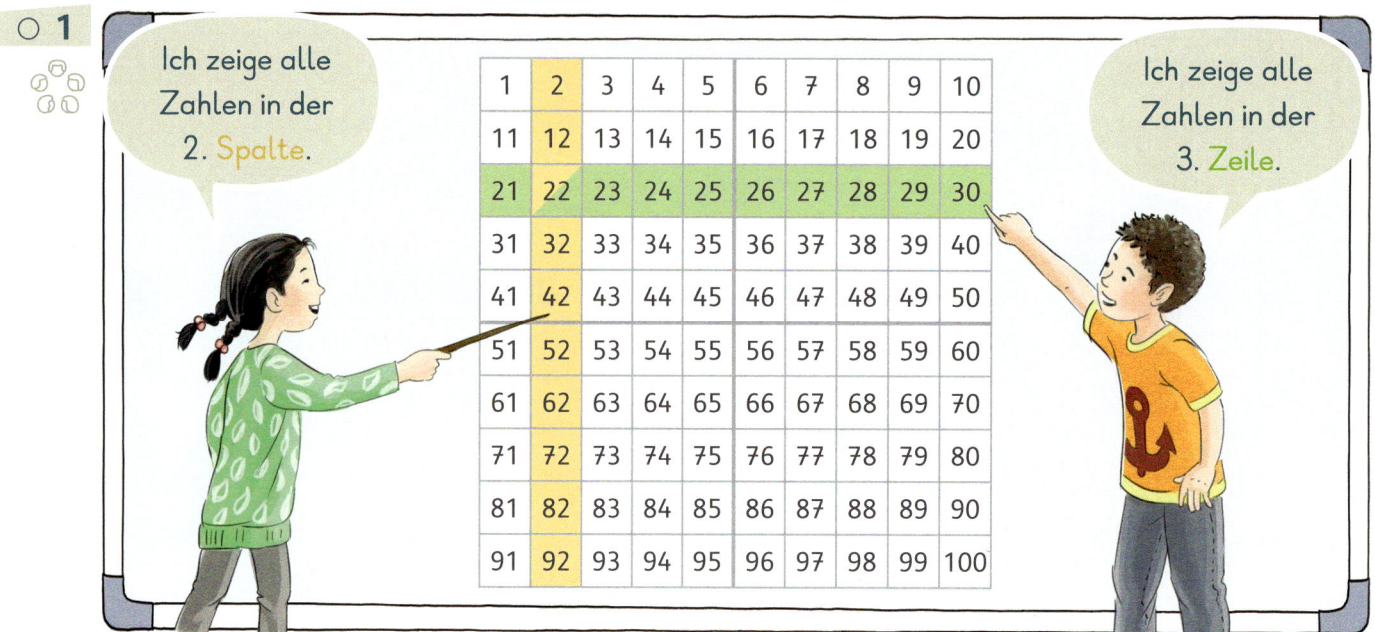

Ich zeige alle Zahlen in der 2. Spalte.

Ich zeige alle Zahlen in der 3. Zeile.

2 Zeigt abwechselnd ...

a) alle Zahlen in der 4. Spalte.

b) alle Zahlen in der 5. Zeile.

c) alle Zahlen in der 7. Spalte.

Was fällt euch auf?

d) die Zahl rechts von 24.

e) die Zahl links von 62.

f) die Zahl über 71.

g) die Zahlen unter 18.

h) alle Zahlen zwischen 23 und 36.

i) alle Zahlen zwischen 19 und 27.

j) alle Zahlen mit 8 Zehnern.

k) Findet eigene Aufgaben.

3 Schreibe die verdeckten Zahlen auf.

a) b) c) d) Finde eigene Muster.

4 Legt auf der Hundertertafel. Was fällt euch auf?

a) alle Zahlen, bei denen der Einer so groß ist wie der Zehner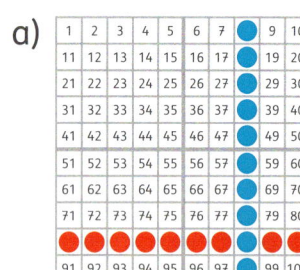

b) alle Zahlen, bei denen der Zehner doppelt so groß ist wie der Einer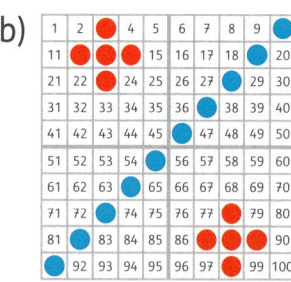

18 1 Zahlen an der Hundertertafel finden. Begriffe wie „Zeile", „Spalte" und Lagebeziehungen („über", „unter"...) wiederholen.   2 Abwechselnd an der Hundertertafel Zahlen zeigen.   3 Die verdeckten Zahlen bestimmen. Eigene Muster erfinden.   4 Plättchen entsprechend legen und dem Partner oder der Partnerin die Entdeckungen beschreiben.

→ Arbeitsheft, Seiten 15/16

Die Hundertertafel

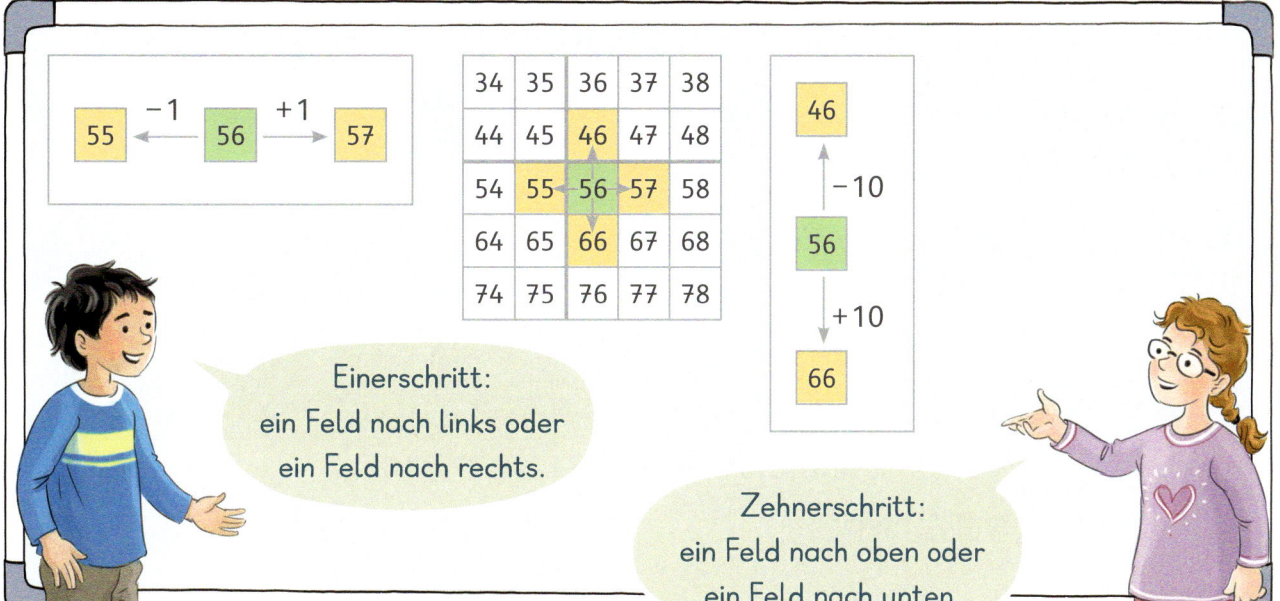

Einerschritt: ein Feld nach links oder ein Feld nach rechts.

Zehnerschritt: ein Feld nach oben oder ein Feld nach unten.

2 Welche Zahlen fehlen in den gelben Feldern?

a)    b)    c)    d)

   e) 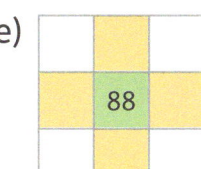   f) 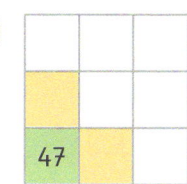   g)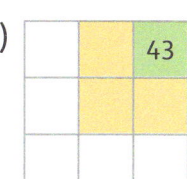

3 Springe von 🟩 zu 🟨. Auf welcher Zahl landest du? Beschreibe deinen Weg.

a) 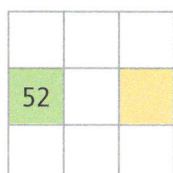   b)   c)   d)

e) 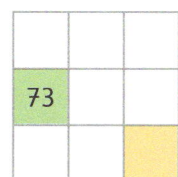   f)   g) Finde eigene Sprünge.

4 Nutze die Hundertertafel. Starte immer bei 45.

a) Gehe immer 2 Felder weit. Lege rote Plättchen.

b) Gehe immer 3 Felder weit. Lege blaue Plättchen.

1 An der Hundertertafel das Prinzip Zehnerschritt und Einerschritt erklären.   2 Übungen zu Ausschnitten auf der Hundertertafel durchführen.   3 Zielzahl ermitteln und Weg beschreiben.   4 Zielzahlen suchen und mit Plättchen markieren. Muster erkennen.

→ Arbeitsheft, Seiten 15/16

Der Zahlenstrahl

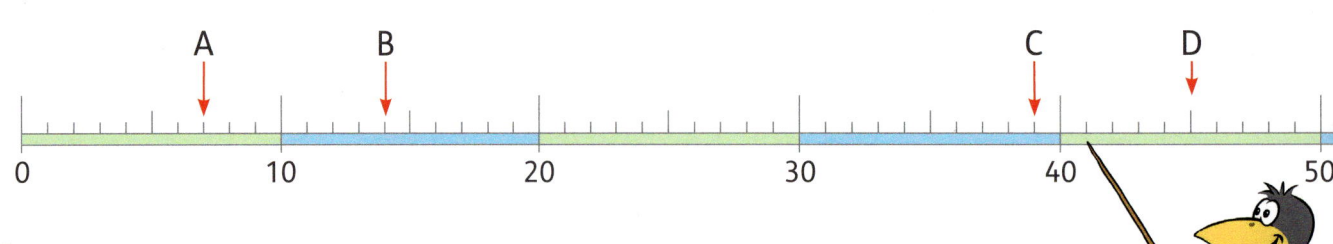

1
a) Zeige am Zahlenstrahl alle Zehnerzahlen.
b) Zeige die Mitte zwischen 0 und 100.
c) Zeige die Mitte zwischen 20 und 30.
d) Auf welche Zahlen zeigen die roten Pfeile?
e) Zeige am Zahlenstrahl 13, 28, 41, 57, 74, 89, 95, 102.
f) Zeige eigene Zahlen.

2 a) Zähle in Einerschritten und notiere.   b) Zähle in Zweierschritten.

vorwärts	rückwärts	vorwärts	rückwärts
von 21 bis 26	von 59 bis 54	von 12 bis 22	von 98 bis 88
von 77 bis 82	von 84 bis 79	von 76 bis 86	von 76 bis 66
von 36 bis 41	von 42 bis 37	von 27 bis 37	von 19 bis 9

3 Auf welche Zahlen zeigen die roten Pfeile? Schreibe sie auf.   A ⟶ 1 2

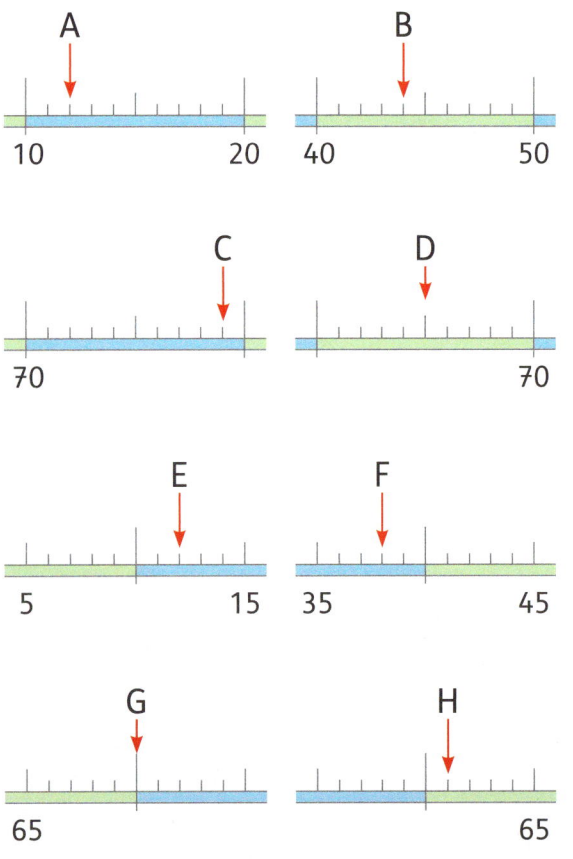
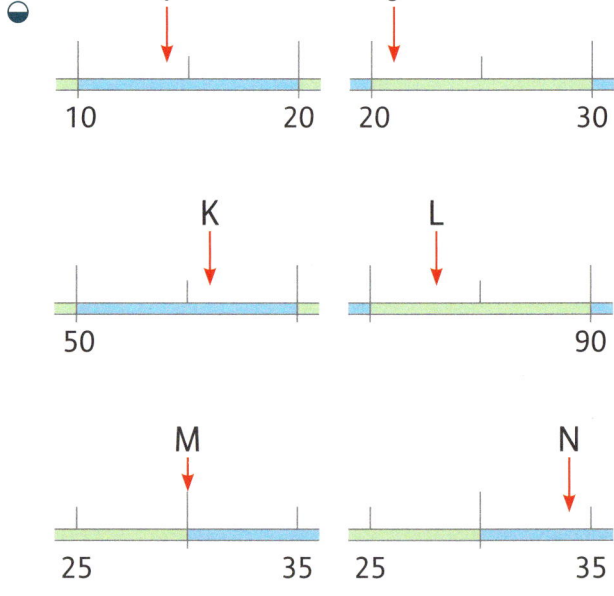
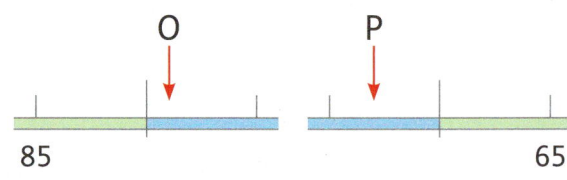

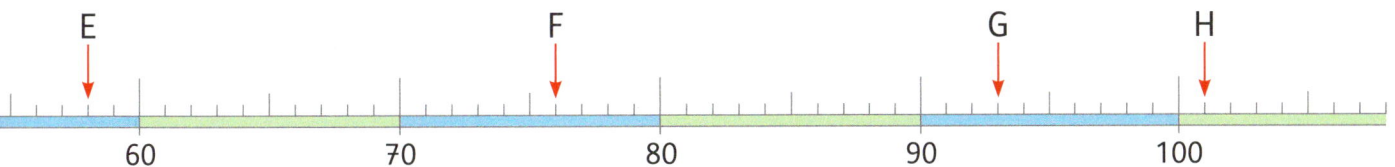

4 a) Notiere Vorgänger (V) und Nachfolger (N).

b) Notiere die Nachbarzehner (NZ).

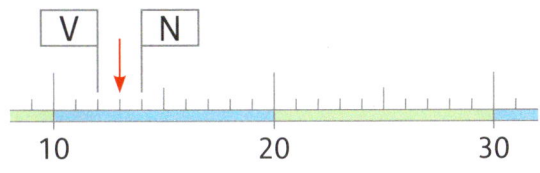

V	Z	N
12	13	14
	23	
89		
		31
70		

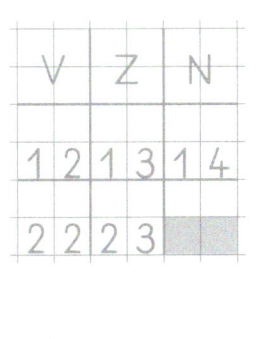

NZ	Z	NZ
30	37	40
	47	
	62	
	79	
	55	

NZ	Z	NZ
30		
		80
	50	
		20
	90	

5 <, > oder =? Schreibe im Heft.

a) 12 < 22
67 ○ 33
48 ○ 95
84 ○ 51
73 ○ 69

b) 24 ○ 42
98 ○ 89
56 ○ 65
71 ○ 17
35 ○ 35

c) 100 ○ 10
46 ○ 27
39 ○ 32
91 ○ 59
63 ○ 68

d) 15 ○ 50
74 ○ 74
96 ○ 26
53 ○ 19
44 ○ 87

6 Löst die Zahlenrätsel.

Max:
Der Vorgänger meiner Zahl heißt 52.

Cora:
Der Nachfolger meiner Zahl heißt 100.

Sophie:
Meine Zahl hat 6 Zehner. Der Zehner ist doppelt so groß wie der Einer.

Paula:
Meine Zahl liegt in der Mitte zwischen 78 und 82.

Lilli:
Meine Zahl liegt zwischen 77 und 90. Sie hat keine 8.

Ben:
Bei meiner Zahl ist der Einer größer als 8. Der Zehner ist die Hälfte von 4.

4 Vorgänger, Nachfolger und Nachbarzehner angeben. Erkennen, dass bei gegebenem Nachbarzehner verschiedene Lösungen möglich sind.   5 Zahlen vergleichen und Aufgaben im Heft notieren.   6 Zahlenrätsel mit einem Partner oder einer Partnerin lösen.

→ Arbeitsheft, Seite 18

Figuren legen

1 Lege aus. Zähle und notiere.

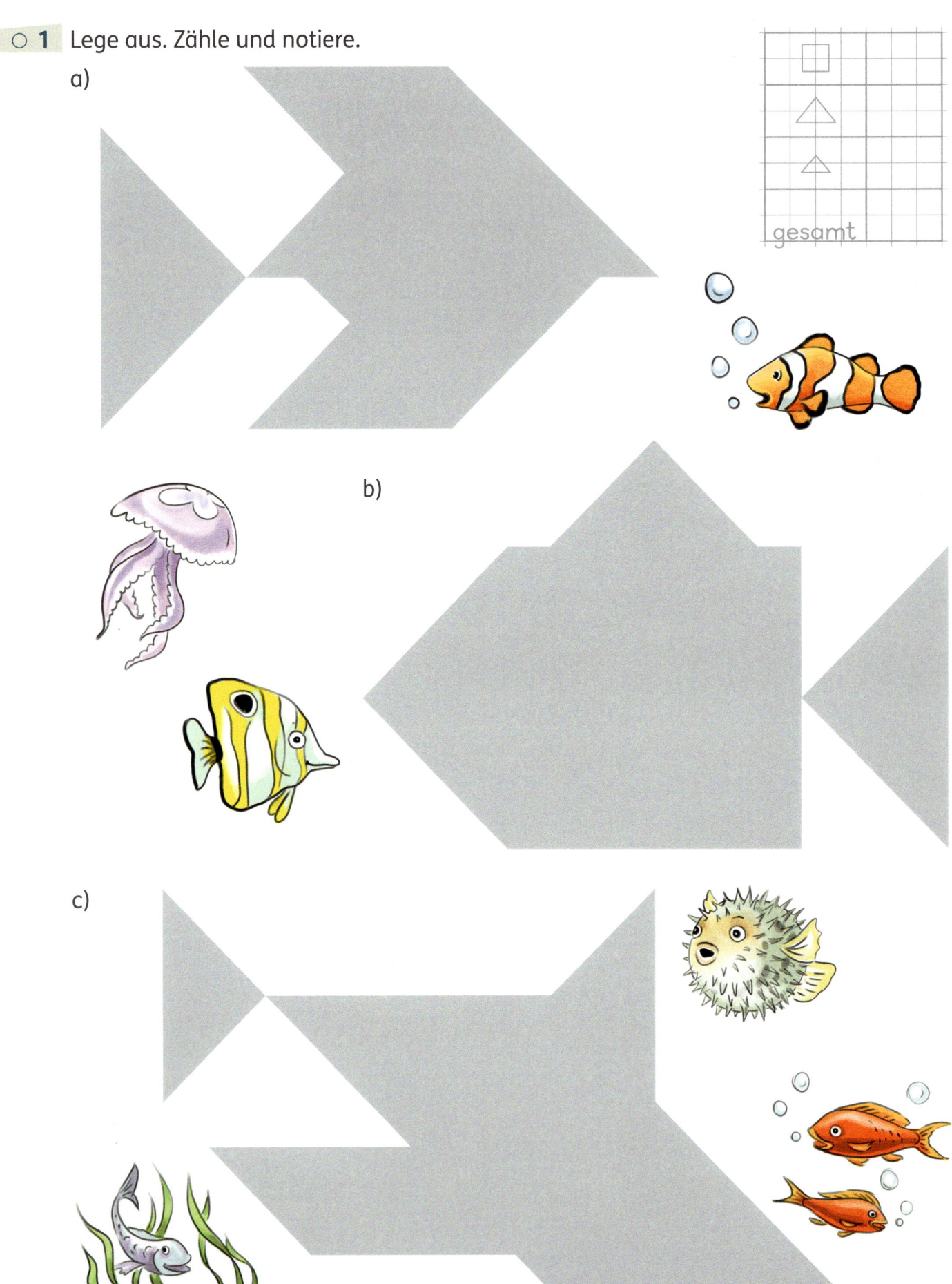

Figuren legen

1 Lege die Figuren nach. Zähle und notiere.

a)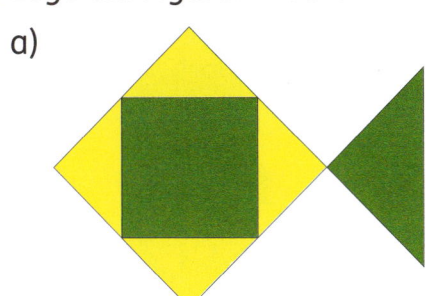

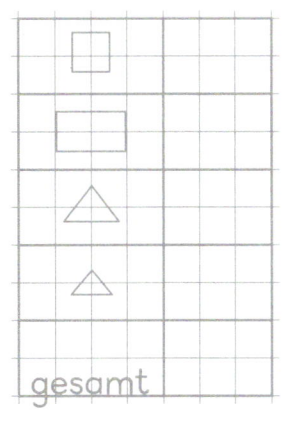 

b)    c)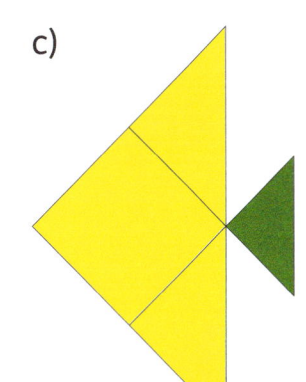

d) 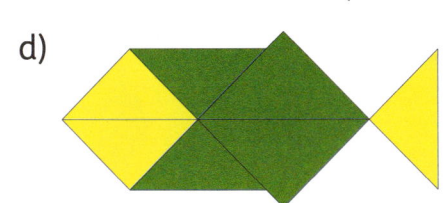   e)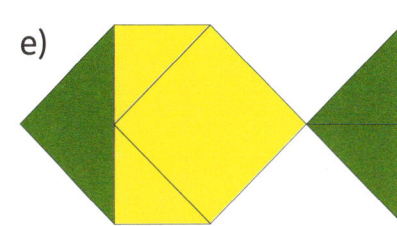

2 Lege die Figuren nach. Finde unterschiedliche Möglichkeiten.

a)    b)    c)

3 Lege die Figuren nach. Finde unterschiedliche Möglichkeiten.

a)    b)    c)

1 Begriffe „Quadrat", „Rechteck" und „Dreieck" wiederholen.   2–3 Figuren mit Geoplättchen nachlegen und die Anzahl der jeweils gelegten Formen in einer Tabelle notieren. Tabellen ins Heft zeichnen oder KV nutzen.

→ Arbeitsheft, Seite 19

Muster legen

○ 1

○ 2 Lege die Muster und ergänze.

a)

b)

c)

● 3 Legt die Bandmuster. Setzt sie fort.

a)    b) 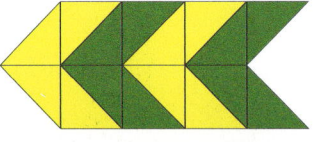   c)

d)    e)    f) Erfindet eigene Muster oder Bandmuster.

24 **1–3** Muster erkennen und beschreiben. Muster- bzw. Bandmuster nach Vorgabe legen und gemäß den Legeregeln fortsetzen. **3f)** Eigene Muster bzw. Bandmuster legen.

Muster zeichnen

1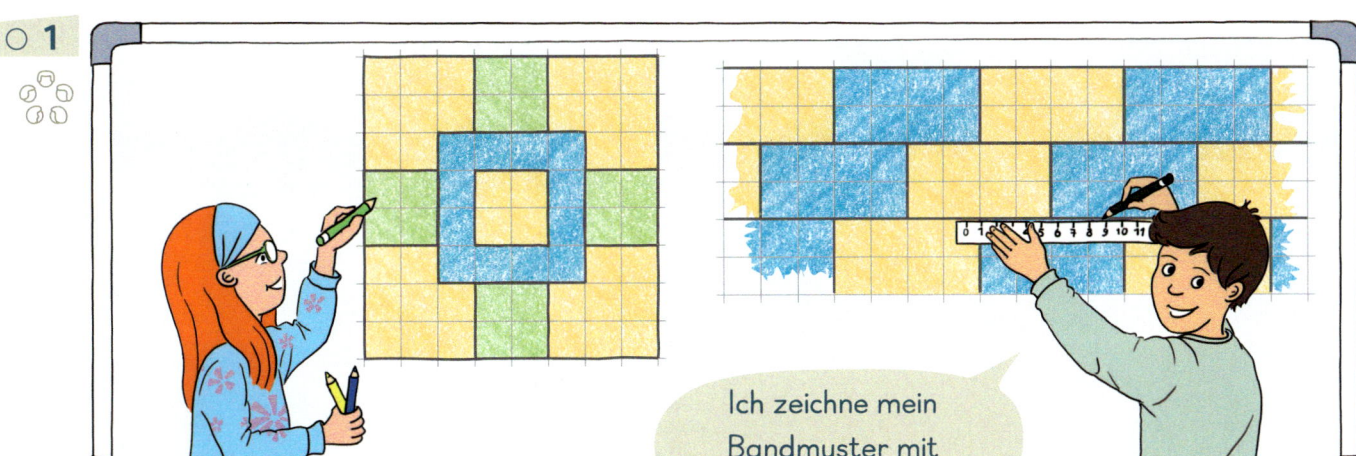

2 Zeichne die Muster.

a) 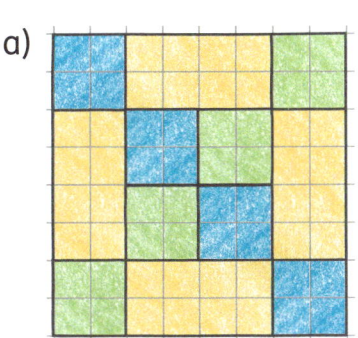   b) 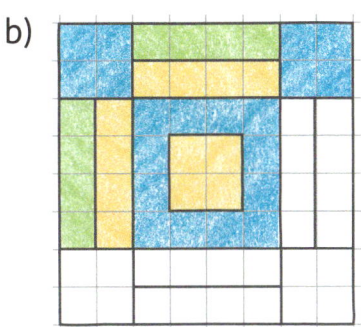   c)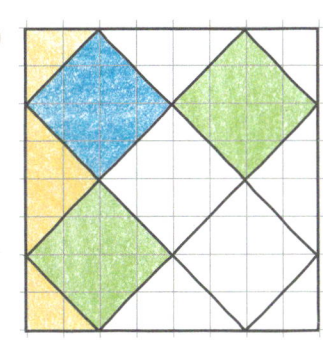

3 Zeichne Bandmuster. Setze sie fort.

a)    b)    c)

4 Zeichne Muster und setze sie in alle Richtungen fort.

a) 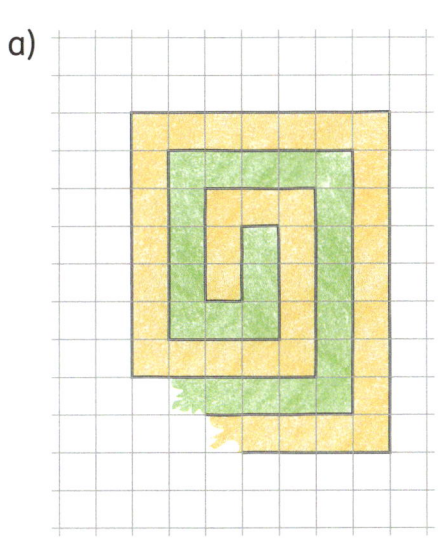   b)    c) Erfinde eigene Muster.

1–4 Vorgegebene Muster ins Heft übertragen und färben, Gesetzmäßigkeiten beschreiben. Muster regelmäßig fortsetzen (evtl. KV oder karierten Block nutzen). Den Unterschied zwischen freihändigem Zeichnen und Zeichnen mit dem Lineal thematisieren.

→ Arbeitsheft, Seite 20

Wiederholung

1
a) 40 + 30   b) 20 − 10   c) 50 − 20   d) 30 + 50
60 + 20   60 − 40   60 + 40   100 − 70
20 + 50   30 − 30   80 − 30   20 + 80
30 + 60   80 − 70   40 + 20   70 − 60
10 + 90   70 − 50   90 − 50   50 + 50

2

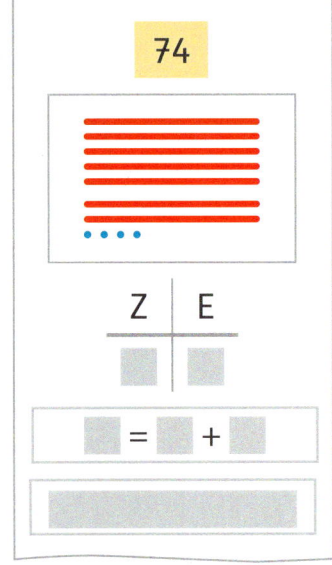
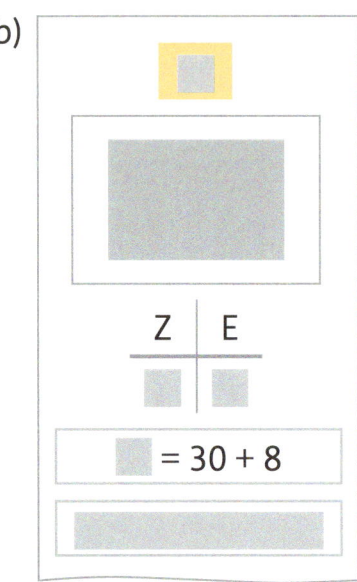
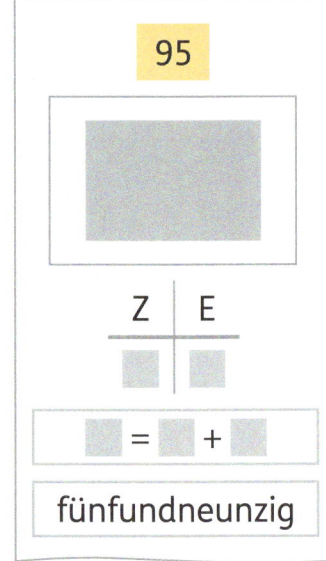

3 a) Auf welche Zahlen zeigen die roten Pfeile?

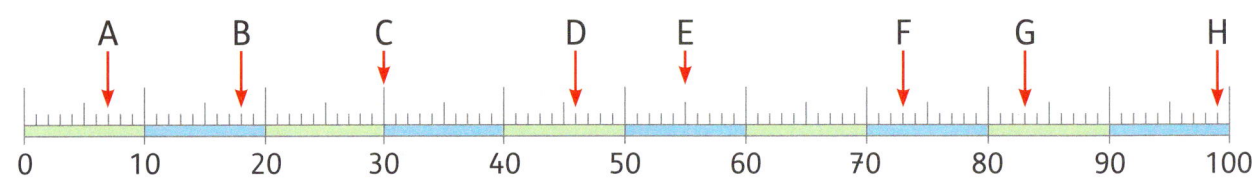

b) Zeige in Einerschritten und notiere.
von 28 bis 35   von 26 bis 19
von 83 bis 90   von 64 bis 58

c) Zähle in Zehnerschritten und notiere.
von 22 bis 62   von 36 bis 76
von 51 bis 91   von 53 bis 13

4 Wie heißen die Nachbarzahlen? Wie heißen die Nachbarzehner?

a)
V	Z	N
	48	
	61	
89		
		32
54		

b)
NZ	Z	NZ
	37	
	47	
	62	
	79	
	98	

c)
NZ	Z	NZ
	42	
	89	
	17	
	80	
	23	

1 Additions- und Subtraktionsaufgaben mit Zehnerzahlen lösen. 2 Zahlen-Steckbriefe ins Heft übertragen und fehlende Angaben ergänzen (ggf. KV nutzen). 3 Zahlen und Zahlenfolgen am Zahlenstrahl bestimmen und notieren. 4 Tabellen ins Heft übertragen und Nachbarzahlen bzw. Nachbarzehner eintragen. Dafür ggf. den Zahlenstrahl zu Hilfe nehmen.

→ Arbeitsheft, Seite 21

○ **5** Frage, löse und antworte.

a) Nina kauft:

Wie viel muss Nina bezahlen?

b) Ida hat:

Sie kauft:

Wie viel bekommt Ida zurück?

◐ **6** Wie viel fehlt bis 100 €?

a)
b)
c)
d)

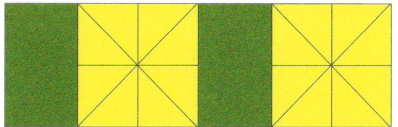

e)
f)
g)
h)

◐ **7** Lege die Bandmuster. Setze sie fort.

a)
b)
c)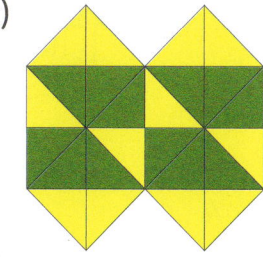

● **8** Löse die Zahlenrätsel.

a) Bei meiner Zahl ist der Zehner das Doppelte von 3. Der Einer ist kleiner als 1.

b) Bei meiner Zahl ist der Einer die Hälfte von 4. Der Zehner ist halb so groß wie der Einer.

c) Meine Zahl hat doppelt so viele Einer wie Zehner. Der Zehner ist das Doppelte von 2.

5 Informationen aus dem Bild entnehmen. Zu den Rechengeschichten Gleichungen finden und lösen. 6 Geldbeträge addieren und bis 100 € ergänzen. 7 Bandmuster legen und fortsetzen. 8 Zahlenrätsel lösen.

→ Arbeitsheft, Seite 21

Rückblick

1

a) 6 + 2	b) 12 + 5	c) 5 + 5 + 4	d) 7 + 4
3 + 4	11 + 8	6 + 4 + 8	6 + 8
4 + 4	13 + 2	8 + 2 + 5	9 + 4
0 + 5	10 + 5	3 + 7 + 4	8 + 5
1 + 6	14 + 5	1 + 9 + 5	7 + 7

5 5 7 7 8 8   15 15 17 17 19 19   14 14 15 15 18 18   11 11 13 13 14 14

e) 8 − 7	f) 14 − 3	g) 14 − 4 − 3	h) 14 − 9
9 − 5	18 − 7	13 − 3 − 5	12 − 4
6 − 3	20 − 8	18 − 8 − 7	15 − 9
7 − 4	19 − 5	15 − 5 − 5	17 − 9
4 − 0	16 − 4	19 − 9 − 7	11 − 5

1 1 3 3 4 4   11 11 12 12 14 14   3 3 5 5 7 7   5 5 6 6 8 8

2

a)

15
7   8

b)
13
8   5

c)
17
9   8

3 Wie spät ist es? Schreibe jeweils beide Uhrzeiten auf.

a)  b)  c)  d)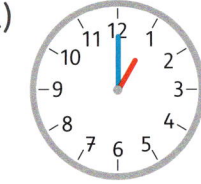

2 Uhr
14 Uhr

e) 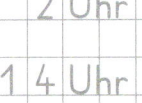 f)  g)

4

a)

5	2	7

3	4	6

6	2	9

5	5	4

b)

18
10
7

20
11
8

15
9
4

19
12
8

28   1 Aufgaben ins Heft übertragen, lösen und mit den Lösungszahlen kontrollieren.   2 Zu den vorgegebenen Zahlen alle Aufgaben einer Familie finden.   3 Jeweils beide Uhrzeiten ablesen und notieren.   4 Zahlenmauern ins Heft übertragen oder KV nutzen. Fehlende Zahlen mithilfe der Addition und Subtraktion ergänzen.

Knobeln mit Formen

1 Knack den Tresor.

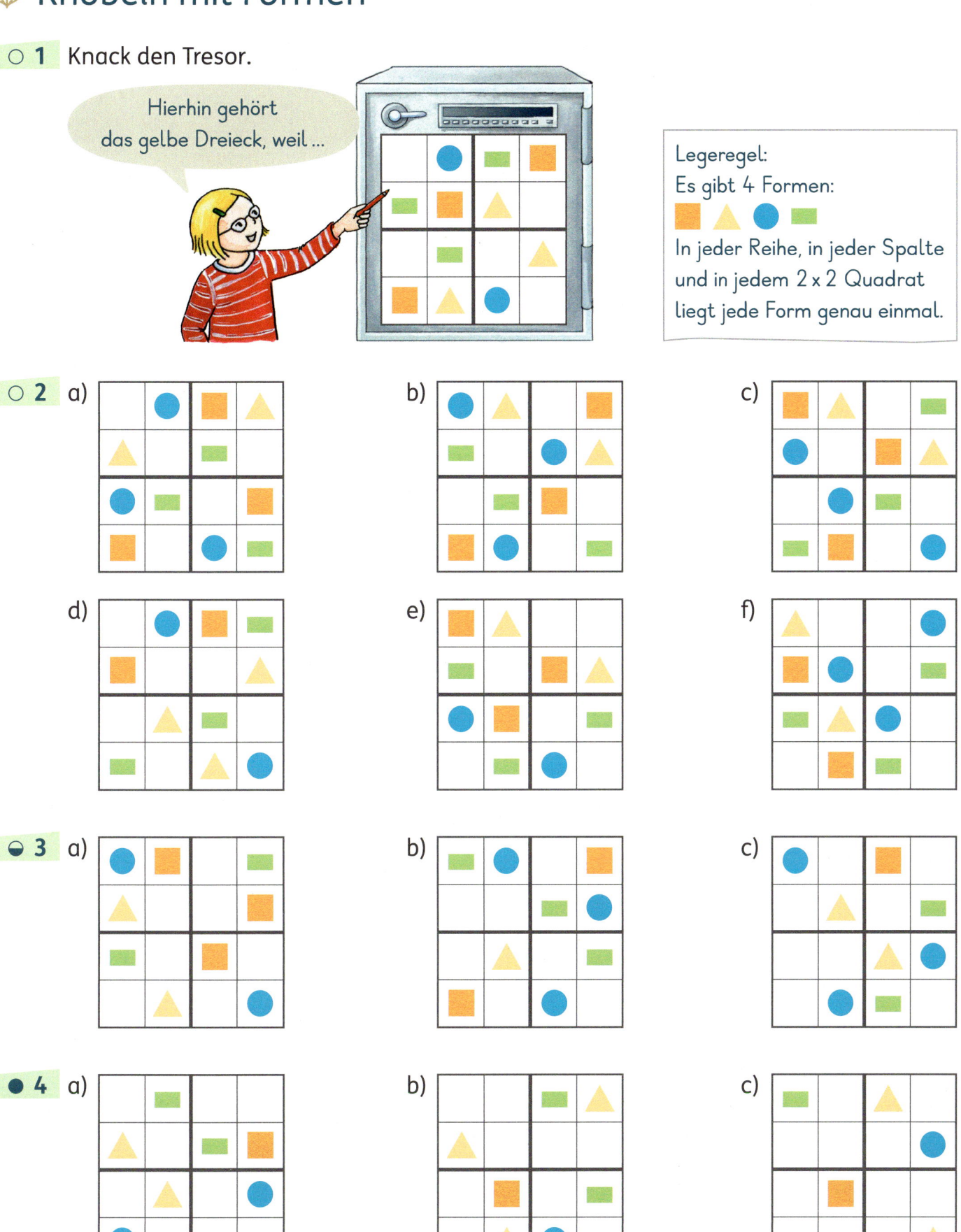

2 a) b) c)

d) e) f)

3 a) b) c)

4 a) b) c)

5 Fülle deinen eigenen Tresor mit ▨ ▲ ● ▬.

1–4 In den 4x4-Rastern die fehlenden Formen so ergänzen, dass in jeder Reihe, jeder Spalte und in jedem 2x2-Quadrat jede Form genau einmal vorkommt (KV nutzen). 5 Einen eigenen Tresor mit den Formen befüllen (KV nutzen).

→ Arbeitsheft, Seite 22

Plusaufgaben ohne Zehnerübergang

1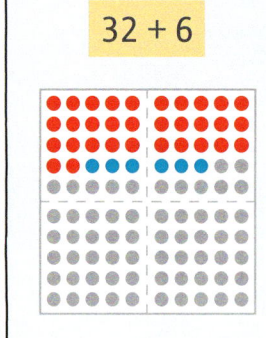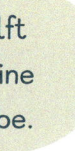

2
a) 3 + 2
13 + 2
23 + 2
33 + 2
43 + 2

b) 5 + 4
25 + 4
45 + 4
65 + 4
85 + 4

c) 24 + 3
46 + 2
31 + 6
43 + 5
74 + 0

d) 7 + 21
3 + 66
8 + 91
2 + 26
5 + 43

e) 1 + 93
6 + 22
2 + 67
7 + 51
4 + 95

3
a) 47 + 3
65 + 5
99 + 1
54 + 6
38 + 2

b) 76 + 4
55 + 5
97 + 3
24 + 6
36 + 4

Was fällt dir auf?

c) 72 + 8
94 + 6
61 + 9
23 + 7
89 + 1

d) 68 + 2
42 + 8
27 + 3
66 + 4
51 + 9

🗝 40 50 60 70 80 100   20 30 40 60 80 100   30 40 70 80 90 100   30 50 60 70 70 80

4 Ergänze bis zum nächsten Zehner.

13	72	94	61	44
1 3 + 7 = 2 0	63	29	79	11
	92	32	46	74

5 Familie Rabemann geht ins Kino.
Frage, löse und antworte.

| 21 Kinder und 8 Erwachsene sitzen im Saal. | Insgesamt haben den Film heute 44 Besucher gesehen. Gestern waren es 5 mehr. | Die Karten für Mama und Papa Rabemann kosten jeweils 10 €. Die Karte für Sohn Robin kostet 6 €. |

Minusaufgaben ohne Zehnerübergang

1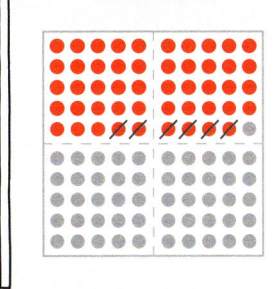

2
a) 8 − 6 b) 19 − 3 c) 23 − 1 d) 67 − 4 e) 98 − 7
   18 − 6   39 − 3   96 − 5   28 − 5   41 − 0
   28 − 6   59 − 3   46 − 4   87 − 6   82 − 1
   38 − 6   79 − 3   68 − 2   56 − 0   79 − 5
   48 − 6   99 − 3   35 − 3   78 − 4   39 − 8

3
a) 70 − 4 b) 30 − 6 c) 90 − 5 d) 70 − 1 e) 30 − 6
   20 − 5   20 − 8   60 − 6   20 − 2   90 − 7
   60 − 7   60 − 0   40 − 3   80 − 0   100 − 1
   90 − 2   90 − 9   30 − 4   50 − 8   70 − 0
   50 − 1   50 − 3   100 − 7   40 − 9   60 − 3

🗝 15 49 53   12 24 37   16 26 37   18 31 42   24 35 57
   66 76 88   47 60 81   54 85 93   54 69 80   70 83 99

4 Nimm vom vollen Zehner weg.
a) 40 − ☐ = 38 b) 50 − ☐ = 44 c) 20 − ☐ = 13 d) 70 − ☐ = 61
   20 − ☐ = 11   80 − ☐ = 79   50 − ☐ = 45   100 − ☐ = 94
   30 − ☐ = 25   90 − ☐ = 87   90 − ☐ = 82   30 − ☐ = 28
   70 − ☐ = 63   100 − ☐ = 96   20 − ☐ = 17   60 − ☐ = 59

5 Für ihren Kinobesuch kauft sich Familie Rabemann noch Essen.
Frage, löse und antworte.

| Papa Rabemann hat 30 € dabei. Nachdem er sich ein Eis gekauft hat, hat er noch 28 €. | Mama Rabemann hat 38 € dabei. Sie kauft für 4 € Popcorn und für 3 € ein Getränk. | Das Kino hat 29 Packungen Popcorn vorbereitet. 5 Packungen wurden bereits verkauft. |

1, 2 Subtraktionsaufgaben ohne Zehnerüberschreitung mit den aus der ersten Klasse bekannten Strategien lösen.
3, 4 Vom vollen Zehner subtrahieren. Bekannte Strategien aus der ersten Klasse auf den neuen Zahlenraum übertragen.   5 Sachaufgaben lösen (Frage, Lösung, Antwort).

→ Arbeitsheft, Seite 24

Plusaufgaben mit Zehnerübergang

○ **1**

○ **2** Wie rechnet ihr? Erklärt euch jeweils 5 Aufgaben.

a) 25 + 8	b) 37 + 7	c) 46 + 9	d) 58 + 6
55 + 8	37 + 4	79 + 2	63 + 8
65 + 8	37 + 6	72 + 9	89 + 4
85 + 8	37 + 9	49 + 6	36 + 5
45 + 8	37 + 5	57 + 8	87 + 7

🔑
33 43 53   41 42 43   55 55 65   41 64 71
63 73 93   44 45 46   66 81 81   83 93 94

○ **3** Finde Rechenfehler. Schreibe die Aufgaben richtig auf.

a) 29 + 7 = 26   b) 78 + 3 = 81   c) 77 + 8 = 84   d) 48 + 7 = 55
   56 + 9 = 65   26 + 6 = 68   59 + 4 = 63   39 + 9 = 48
   64 + 7 = 71   59 + 9 = 78   69 + 2 = 71   29 + 3 = 95
   38 + 3 = 41   86 + 5 = 91   47 + 9 = 46   49 + 4 = 53

● **4**

a) Meine Zahl ist um 5 größer als 67.

b) Der Nachfolger von 63 ist um 7 kleiner als meine Zahl.

c) Meine Zahl ist um 9 größer als der Vorgänger von 50.

d) Wenn du zu meiner Zahl 5 dazunimmst und das Ergebnis verdoppelst, erhältst du 60.

e) Meine Zahl ist um die Hälfte kleiner als der Nachfolger von 99.

Minusaufgaben mit Zehnerübergang

1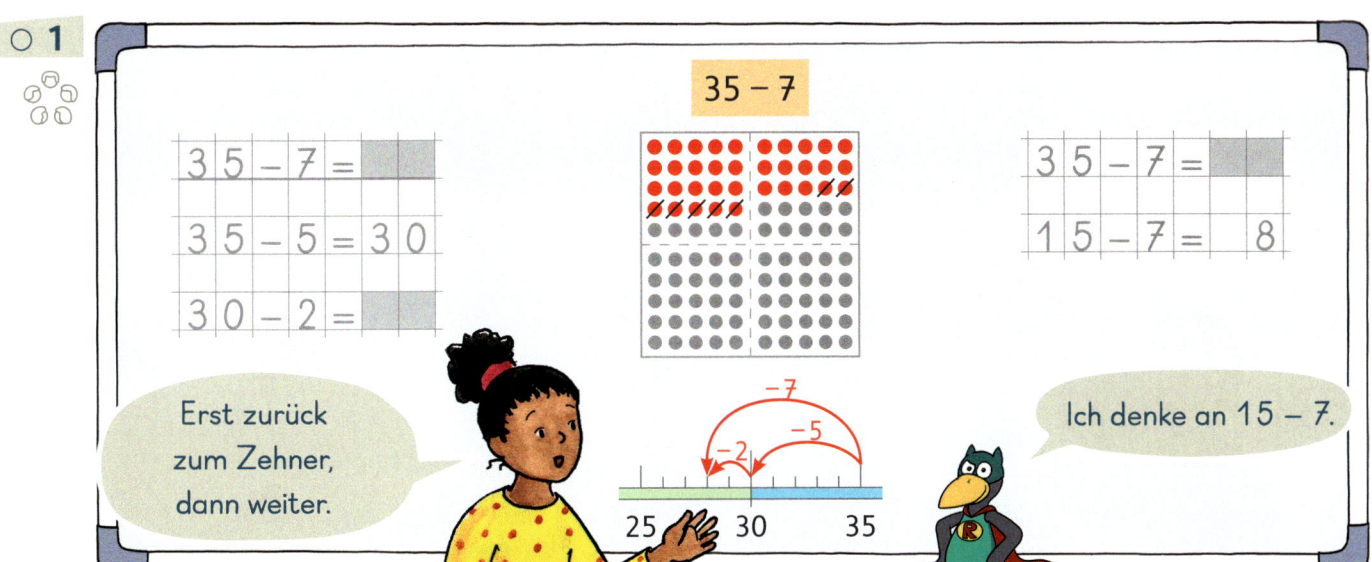

2 Wie rechnet ihr? Erklärt euch jeweils 5 Aufgaben.

a) 22 – 8
   92 – 8
   72 – 8
   42 – 8
   82 – 8

b) 34 – 7
   34 – 8
   34 – 6
   34 – 9
   34 – 5

c) 91 – 9
   82 – 6
   63 – 9
   51 – 2
   74 – 8

d) 54 – 9
   63 – 8
   93 – 4
   72 – 6
   84 – 7

14 34 54
64 74 84

23 25 26
27 28 29

49 54 56
66 76 82

45 55 66
77 88 89

3 Finde Rechenfehler. Schreibe die Aufgaben richtig auf.

a) 42 – 6 = 34
   51 – 4 = 47
   53 – 8 = 61
   15 – 7 = 8

b) 62 – 5 = 57
   75 – 9 = 67
   76 – 8 = 68
   43 – 7 = 63

c) 86 – 9 = 59
   42 – 7 = 53
   53 – 5 = 48
   31 – 2 = 29

d) 67 – 8 = 59
   52 – 3 = 49
   38 – 9 = 28
   94 – 6 = 88

4
a) Meine Zahl ist um 7 kleiner als 24.

b) Wenn du zu meiner Zahl erst 9 und dann 2 dazunimmst, erhältst du 70.

c) Meine Zahl ist um 8 kleiner als der Nachfolger von 46.

d) Wenn du von meiner Zahl 7 abziehst und das Ergebnis halbierst, erhältst du 40.

e) Wenn du von meiner Zahl 6 abziehst und das Ergebnis verdoppelst, erhältst du den Vorgänger von 71.

---

1 In einer Rechenkonferenz verschiedene Rechenwege kennenlernen, vergleichen und individuell anwenden. Das Hunderterfeld bzw. den Zahlenstrahl zur Veranschaulichung nutzen (Beilage und KV nutzen). **2** Lösungsstrategie auswählen, anwenden und sich gegenseitig erklären. **3** Rechenfehler finden und falsche Aufgaben richtig notieren. **4** Zahlenrätsel lösen.

→ Arbeitsheft, Seite 26

Gleichungen und Ungleichungen

1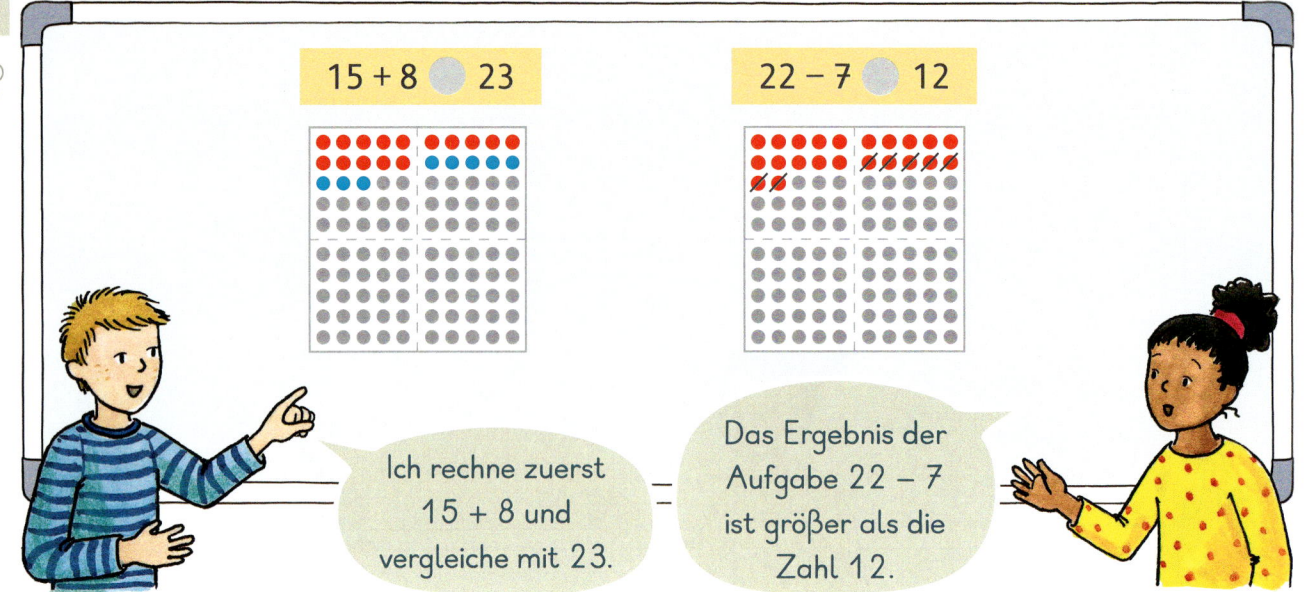

Ich rechne zuerst 15 + 8 und vergleiche mit 23.

Das Ergebnis der Aufgabe 22 − 7 ist größer als die Zahl 12.

2 <, > oder =?

a) 15 + 7 ◯ 20
33 + 5 ◯ 37
54 + 8 ◯ 62
65 + 9 ◯ 75
43 + 8 ◯ 51

b) 28 ◯ 22 + 6
54 ◯ 45 + 7
35 ◯ 29 + 7
86 ◯ 75 + 9
63 ◯ 57 + 8

c) 22 − 8 ◯ 16
67 − 5 ◯ 61
43 − 9 ◯ 34
98 − 7 ◯ 90
72 − 4 ◯ 69

d) 38 ◯ 45 − 7
81 ◯ 91 − 9
74 ◯ 82 − 7
86 ◯ 93 − 8
78 ◯ 84 − 6

3 Löse die Gleichungen.

a) 19 + ☐ = 25
25 + ☐ = 32
28 + ☐ = 34
64 + ☐ = 71
79 + ☐ = 85

b) 38 + ☐ = 45
65 + ☐ = 74
89 + ☐ = 98
29 + ☐ = 35
77 + ☐ = 84

c) 35 − ☐ = 29
63 − ☐ = 59
51 − ☐ = 45
75 − ☐ = 67
93 − ☐ = 89

d) 27 − ☐ = 18
44 − ☐ = 37
31 − ☐ = 23
52 − ☐ = 43
92 − ☐ = 85

🗝
4 6 6
6 7 7

6 6 7
7 9 9

4 4 6
6 8 8

7 7 8
8 9 9

4 Löse die Ungleichungen.

a) 37 + ☐ < 41
49 + ☐ < 52
76 + ☐ < 78
85 + ☐ < 90
58 + ☐ < 65

Hier passen mehrere Zahlen.

b) 83 − ☐ > 78
44 − ☐ > 39
61 − ☐ > 55
72 − ☐ > 69
95 − ☐ > 94

c) 63 − ☐ > 62
58 − ☐ < 3
26 − ☐ > 23
82 − ☐ > 80
41 − ☐ < 5

Klecksaufgaben und Rechentabellen

1

○ 2 Finde die fehlenden Zahlen.

a) ▨ + 8 = 47
   ▨ + 7 = 45
   ▨ + 6 = 42
   ▨ + 8 = 41
   ▨ + 9 = 43

b) ▨ + 7 = 92
   77 + ▨ = 82
   ▨ + 9 = 60
   56 + ▨ = 62
   ▨ + 4 = 51

c) ▨ − 6 = 75
   ▨ − 3 = 58
   ▨ − 9 = 78
   ▨ − 5 = 59
   ▨ − 5 = 86

d) 63 − ▨ = 56
   ▨ − 4 = 46
   67 − ▨ = 59
   ▨ − 9 = 78
   81 − ▨ = 75

🗝 31 33 34   5 6 9   61 64 81   6 7 8
   36 38 39   47 51 85   87 91 95   50 52 87

◐ 3 Finde die fehlenden Zahlen und Rechenzeichen.

a) 68 + ▨ = 73
   ▨ − 8 = 37
   ▨ + 7 = 65
   59 − ▨ = 53
   ▨ + 9 = 97

b) 22 ▨ 9 = 31
   89 ▨ 8 = 81
   ▨ + 7 = 55
   62 − ▨ = 57
   ▨ + 9 = 44

c) 55 − ▨ = 48
   ▨ + 8 = 51
   36 − ▨ = 27
   41 ▨ 4 = 45
   ▨ − 3 = 88

d) ▨ − 8 = 82
   56 ▨ ▨ = 63
   ▨ − 6 = 28
   ▨ ▨ 7 = 31
   ▨ + ▨ = 46

◐ 4
a)
+	5	6	8
	34		
		64	
			82
			95

b)
−	4	7	9
			36
		56	
		65	
	77		

c)
−		7	
	28	24	
	52		
		92	87
	100		

1–3 Durch die Kleckse sind Rechenzeichen oder Zahlen verdeckt. Mögliche Lösungswege zusammen besprechen und dann individuell anwenden. 3 Im letzten Päckchen gibt es teilweise mehrere Lösungen. 4 Additions- und Subtraktionsaufgaben in Tabellen (im Heft) lösen.

Plus und Minus mit Zehnerzahlen

○ 1

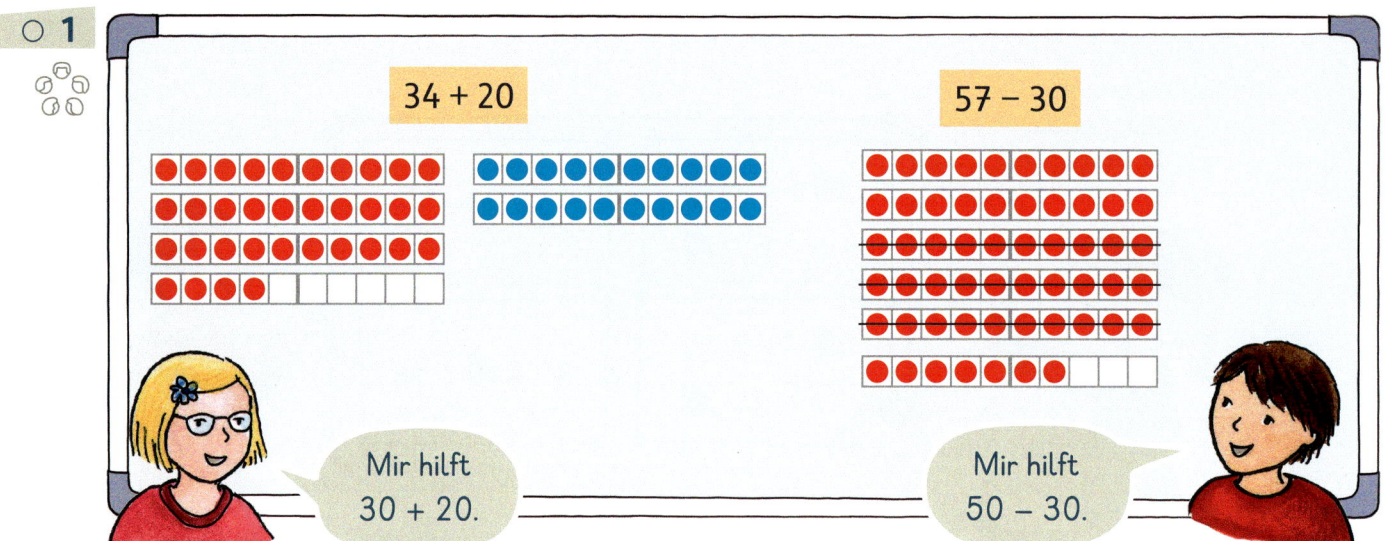

34 + 20   57 − 30

Mir hilft 30 + 20.   Mir hilft 50 − 30.

○ 2
a) 37 + 50	b) 26 + 60	c) 55 − 40	d) 78 − 40	e) 48 + 50
24 + 70	63 + 30	73 − 30	52 − 10	51 − 30
57 + 10	46 + 20	85 − 60	58 − 30	27 + 70
14 + 60	43 + 30	83 − 20	82 − 70	73 − 40
27 + 30	36 + 20	95 − 50	48 − 40	21 + 60

🗝
57 67 74   46 56 66   9 15 25   8 12 18   21 33 81
84 87 94   73 86 93   43 45 63   28 38 42   85 97 98

○ 3 Kontrolliere mit der Umkehraufgabe.

45 − 20   4 5 − 2 0 = 2 5   51 − 30   72 − 70   64 − 30
             2 5 + 2 0 =   73 − 40   77 − 70   55 − 40

○ 4
a) 14 + 30 + 30	b) 42 + 5 + 30	c) 89 − 20 − 50	d) 73 − 5 − 30
37 + 10 + 20	17 + 4 + 60	63 − 40 − 10	54 − 6 − 40
24 + 30 + 10	29 + 8 + 40	69 − 30 − 30	83 − 7 − 50
27 + 10 + 40	32 + 9 + 50	93 − 20 − 70	44 − 8 − 20

🗝
64 67 67   77 77 81   3   9 13   8 16 26
74 77   91 92   19 23   34 38

● 5 a) Familie Rabemann macht einen Ausflug in den Zoo. Am Flamingoteich leben 52 Flamingos, 20 Enten und 9 Gänse.

● b) Mama, Papa und Sohn Robin zahlen zusammen 54 € Eintritt für den Zoo. Die Kinderkarte ist 6 € günstiger als die Karte für Erwachsene.

1 Strategien zum Lösen von Additions- und Subtraktionsaufgaben mit Zehnerzahlen kennenlernen. Als Hilfsaufgabe zunächst nur mit den Zehnerzahlen rechnen. Aufgabe ggf. mit Zehnerstreifen und Wendeplättchen legen. 2–4 Additions- und Subtraktionsaufgaben mit Zehnerzahlen üben. 5 Sachaufgaben lösen (Frage, Lösung, Antwort).

→ Arbeitsheft, Seite 28

Rabomaten

1

2 Finde die fehlenden Zahlen.

a)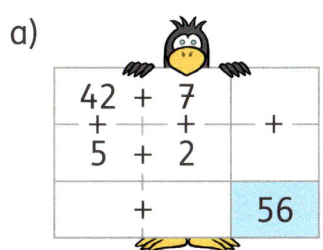

42 7
5   2
    56

b)

c)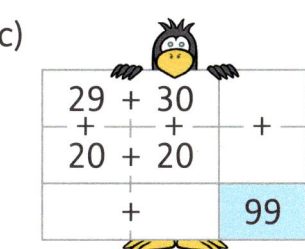

d)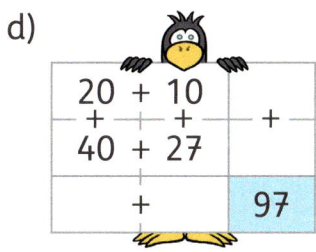

e)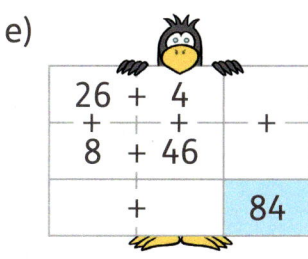

3 a)

b)

c) (Rabomat mit +57, 59, 7+60)

4 Hier ist jeweils eine Zahl falsch. Findet den Fehler.

a)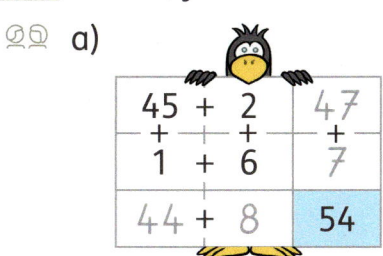

b)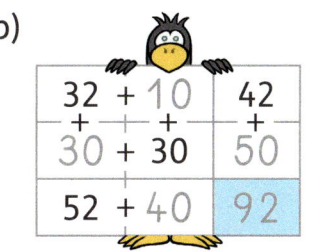

c) (40+30=70, 10+29=29, 50+49=99)

Plusaufgaben ohne Zehnerübergang

1

33 + 14

33 + 14 =
33 + 10 = 43
43 + 4 =

33 + 14 =
30 + 10 = 40
3 + 4 =

Zuerst die Zehner dazu, dann die Einer.

Hier rechne ich zuerst Zehner plus Zehner, dann Einer plus Einer.

2 Wie rechnet ihr? Erklärt euch jeweils 5 Aufgaben.

a) 33 + 25	b) 21 + 37	c) 54 + 35	d) 76 + 11	e) 12 + 86
33 + 24	51 + 37	15 + 53	25 + 52	24 + 73
33 + 26	31 + 37	61 + 16	56 + 33	17 + 52
33 + 22	61 + 37	73 + 15	14 + 41	26 + 64
33 + 23	41 + 37	44 + 25	57 + 21	67 + 22
55 56 57	48 58 68	24 68 69	55 77 78	69 89 90
58 59 61	78 88 98	77 88 89	87 89 92	92 97 98

3

a) 32 + 45 + 20	b) 13 + 16 + 30	c) 52 + 13 + 7
47 + 12 + 30	10 + 24 + 42	31 + 16 + 4
25 + 13 + 40	61 + 16 + 10	73 + 15 + 5
16 + 21 + 50	17 + 50 + 22	28 + 31 + 9
51 + 38 + 10	44 + 24 + 20	61 + 22 + 8
78 87 87	59 69 76	45 51 68
89 97 99	87 88 89	72 91 93

4

a)	b)	c)	d)
31 + 28	3 + 5	41 + 54	66 + 13
32 + 27	8 + 10	35 + 54	62 + 16
33 + 26	13 + 15	31 + 44	56 + 23
34 + 25	18 + 20	25 + 44	52 + 26
35 + 24	23 + 25	21 + 34	46 + 33

1 In einer Rechenkonferenz verschiedene Rechenwege für das halbschriftliche Addieren kennenlernen, vergleichen und individuell anwenden.   2 Lösungsstrategie auswählen, anwenden und sich gegenseitig erklären.   3 Additionsaufgaben mit drei Summanden lösen.   4 Aufgabenrollen bearbeiten. Arithmetisches Muster entdecken und fortführen.

→ Arbeitsheft, Seite 30

Minusaufgaben ohne Zehnerübergang

1

2 Wie rechnet ihr? Erklärt euch jeweils 5 Aufgaben.

a) 58 – 21	b) 37 – 21	c) 67 – 51	d) 89 – 27	e) 99 – 56
58 – 23	47 – 21	43 – 21	68 – 55	86 – 64
58 – 24	87 – 21	78 – 15	47 – 43	75 – 52
58 – 22	57 – 21	79 – 54	56 – 31	69 – 39
58 – 25	67 – 21	83 – 72	25 – 14	46 – 15
33 34 35	16 26 36	11 16 22	4 9 11	22 23 30
36 37 38	46 66 76	25 63 77	13 25 62	31 43 90

3

a) 85 – 31 – 40	b) 96 – 15 – 30	c) 46 – 31 – 5
76 – 35 – 20	54 – 21 – 10	75 – 34 – 6
57 – 16 – 10	68 – 20 – 16	63 – 41 – 8
68 – 25 – 20	45 – 33 – 10	99 – 23 – 5
94 – 13 – 70	77 – 20 – 24	48 – 26 – 6
11 14 21	2 3 23	6 10 14
23 24 31	32 33 51	16 35 71

4

a)	b)	c)	d)
49 – 16	89 – 82	78 – 44	96 – 54
49 – 15	88 – 72	75 – 44	92 – 51
49 – 14	87 – 62	68 – 34	86 – 44
49 – 13	86 – 52	65 – 34	82 – 41
49 – 12	85 – 42	58 – 24	76 – 34

1 In einer Rechenkonferenz verschiedene Rechenwege für das halbschriftliche Subtrahieren kennenlernen, vergleichen und individuell anwenden. 2 Lösungsstrategie auswählen, anwenden und sich gegenseitig erklären. 3 Subtraktionsaufgaben mit zwei Subtrahenden lösen. 4 Aufgabenrollen bearbeiten. Arithmetische Muster entdecken und fortführen.

→ Arbeitsheft, Seite 31

Zahlenfolgen

1 Setze um 4 Zahlen fort.

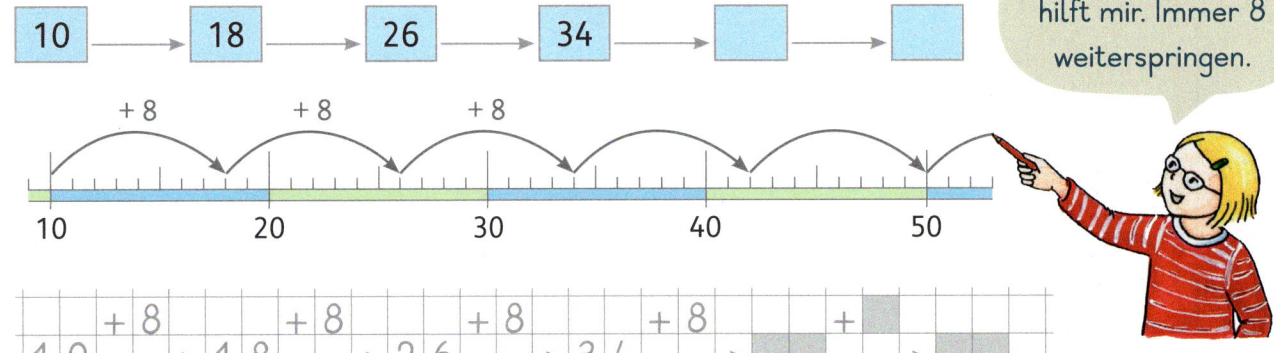

Der Zahlenstrahl hilft mir. Immer 8 weiterspringen.

2 Setze jeweils um 4 Zahlen fort.

a) 30 → 35 → 40 → 45
b) 50 → 47 → 44 → 41
c) 28 → 34 → 40 → 46
d) 62 → 57 → 52 → 47

3 Setze jeweils um 4 Zahlen fort.

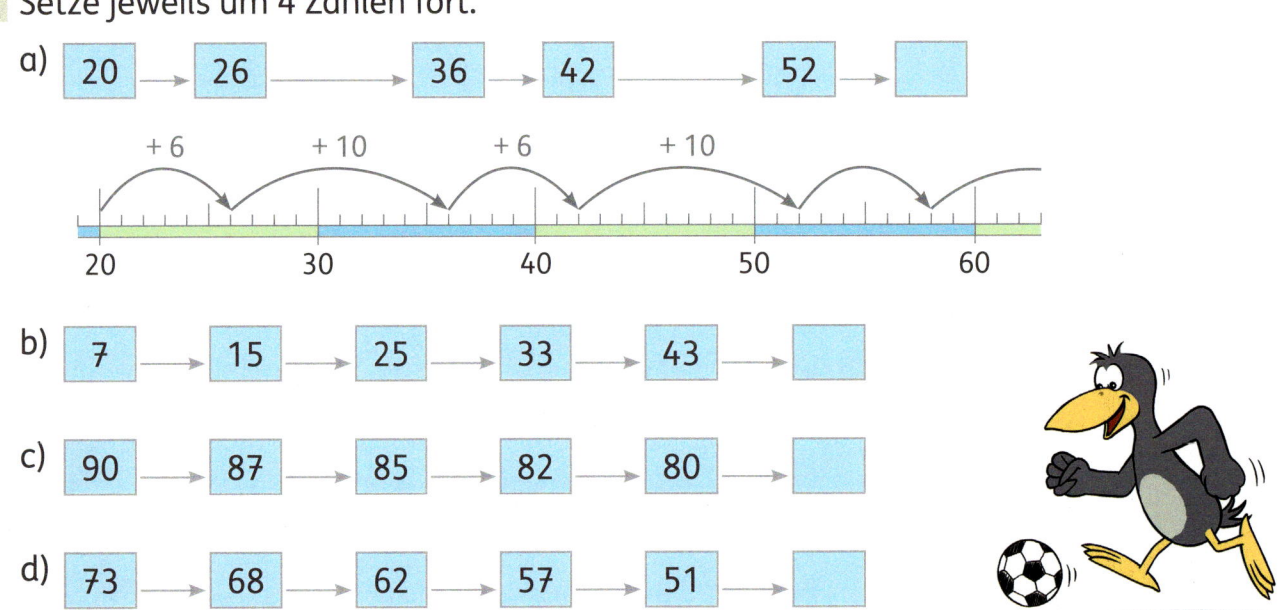

a) 20 → 26 → 36 → 42 → 52 →
b) 7 → 15 → 25 → 33 → 43 →
c) 90 → 87 → 85 → 82 → 80 →
d) 73 → 68 → 62 → 57 → 51 →

4 In jeder Zahlenfolge ist eine Zahl falsch. Finde den Fehler.

a) 51 → 48 → 57 → 54 → 63 → 60 → 68 → 66
b) 18 → 28 → 24 → 34 → 30 → 40 → 36 → 40
c) 25 → 26 → 28 → 31 → 35 → 41 → 46 → 53

40

1, 2 Den Zahlenstrahl als Hilfsmittel zum Fortsetzen von Zahlenfolgen kennenlernen. Das Heft für den Hefteintrag quer nehmen oder KV nutzen. 3 Aufgaben ggf. nur mündlich bearbeiten. 4 Falsche Zahl in der Zahlenfolge herausfinden und ggf. die korrekte Zahlenfolge im Heft notieren.

→ Arbeitsheft, Seite 32

Längen vergleichen

1 Kinder der Klasse 2 versuchen, sich nach der Größe aufzustellen. Könnt ihr helfen?

Alex Ivo Anna Alisa Johannes Marvin Ida

2 a) Vergleicht die Kinder von Aufgabe 1. Verwendet diese Ausdrücke:

| ... ist größer als ... | ... ist genauso groß wie ... | ... ist am kleinsten. |
| ... ist kleiner als ... | ... sind gleich groß. | ... ist am größten. |

b) Vergleicht Kinder aus eurer Klasse.

c) Ordnet eure Buntstifte nach der Länge.

3 Vergleicht und beschreibt.

Verwendet diese Wörter:

... höher ...   ... schmaler ...

... breiter ...   ... niedriger ...

Der blaue Turm ist höher als der gelbe Turm.

4 Wer kommt am weitesten mit ...

a) 10 Schritten?

b) 20 Fußlängen?

c) 10 Sprüngen?

d) einem Sprung mit geschlossenen Beinen?

e) 10 Sprüngen auf dem linken Bein?

f) 10 Sprüngen auf dem rechten Bein?

1 Größenvergleich in der Klasse durchführen (Kinder nach der Größe aufstellen lassen). Über die Situation im Buch sprechen.   2 Körpergrößen und weitere Längen mit treffenden Ausdrücken vergleichen und nach der Größe ordnen.
3, 4 Weitere Längen vergleichen.

Mit Körpermaßen messen

1

2 Miss im Klassenzimmer mit deinen Körpermaßen:

- Länge der Tafel
- Höhe der Tafel
- Länge des Zimmers
- Breite des Zimmers

Welches Körpermaß ist sinnvoll?

Körpermaß	geschätzt	gemessen
Höhe der Tafel		

3 Was passt zusammen?

Breite einer Tür: 5 Fuß

Breite einer Tür	100 Schritte
Länge eines Radiergummis	30 Handspannen
Länge eines Pausenhofs	5 Fuß
Länge einer Kreidetafel	5 Fingerbreiten

4 Welche Messergebnisse stammen von Alex? Welche von Ida?

Breite der Tür	Breite des Klassenzimmers
	12 Handspannen
	9 Schritte
	11 Schritte
	10 Handspannen

Meter

1 Die Kinder messen die Breite des Klassenzimmers.

2 Schneidet euch von einer Schnur 1 Meter ab.
a) Sucht Gegenstände in der Schule, die ungefähr 1 Meter lang sind.
b) Welche eurer Körpermaße sind ungefähr 1 Meter lang?

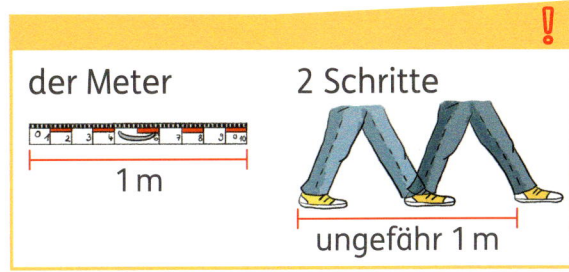

3 a) Schätzt erst und messt dann. b) Messt.

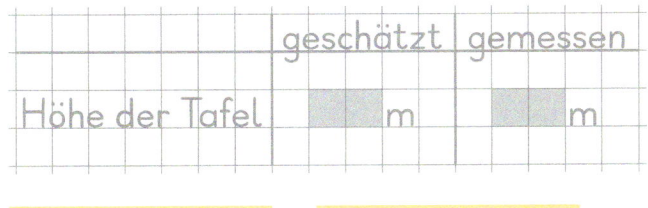

	geschätzt	gemessen
Höhe der Tafel	m	m

Höhe der Tafel   Breite der Tafel

Länge des Zimmers   Breite des Zimmers

10 Handspannen: ▢ m

10 Handspannen

8 Schritte rückwärts   8 Schritte vorwärts

5 Sprünge mit beiden Beinen   5 Sprünge auf einem Bein

4 Was passt zusammen?

Mülleimer: ▢ m

7 m   1 m   14 m
3 m   2 m   4 m

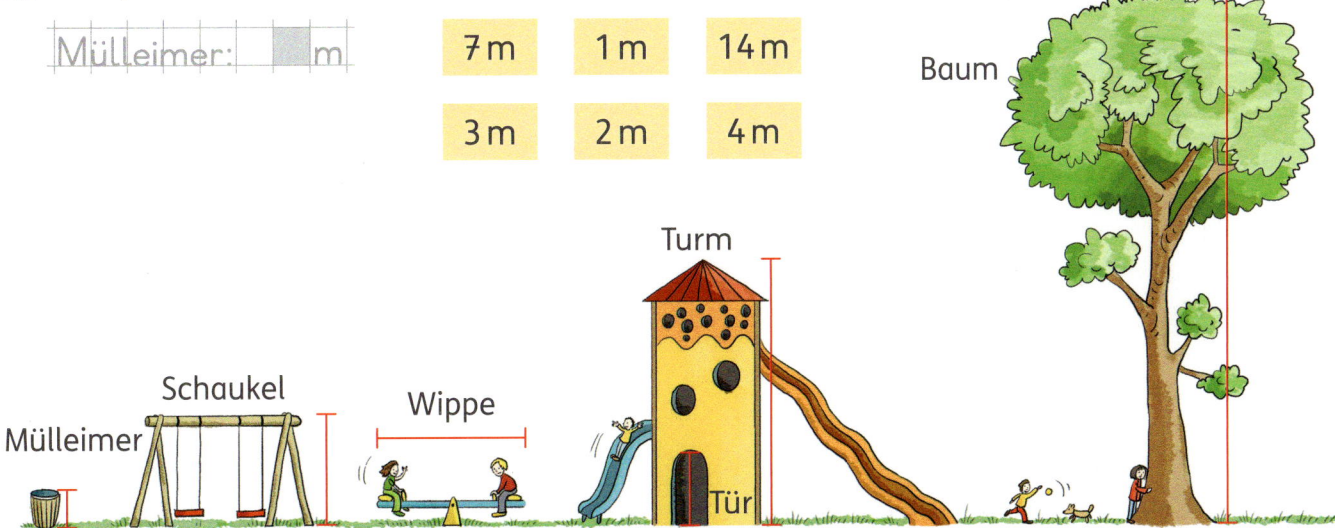

Mülleimer   Schaukel   Wippe   Turm   Tür   Baum

---

1 Meter als standardisierte Maßeinheit kennenlernen. **2** Eine Meterschnur zum Messen herstellen. Gegenstände mit ca. 1 Meter Länge finden und als Repräsentanten festhalten. **3** Längen schätzen und messen. (KV nutzen). Hinweis: Messen mit Körpermaßen liefert nicht immer volle Meter. **4** Größenvorstellungen im Meterbereich festigen.

Zentimeter

1 Miss mit dem Lineal. Beginne immer bei 0.

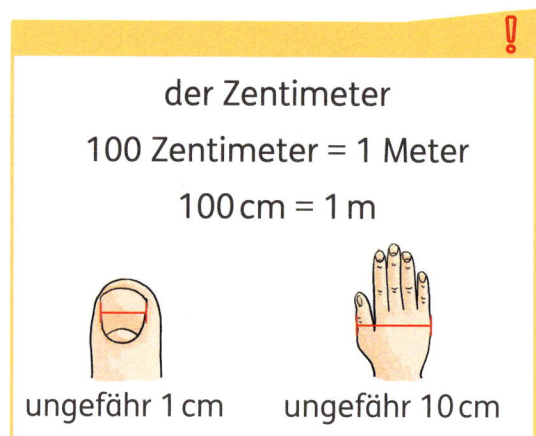

der Zentimeter
100 Zentimeter = 1 Meter
100 cm = 1 m

ungefähr 1 cm   ungefähr 10 cm

2 a) Schätze zuerst, miss dann.

Anspitzer   Bleistift
Radiergummi   Klebestift

b) Messt Gegenstände aus eurer Schultasche. Welche sind ungefähr ...

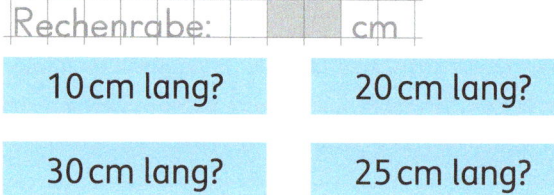

10 cm lang?   20 cm lang?
30 cm lang?   25 cm lang?

3 Miss die Längen jeder Strecke. Zeichne sie dann in dein Heft.

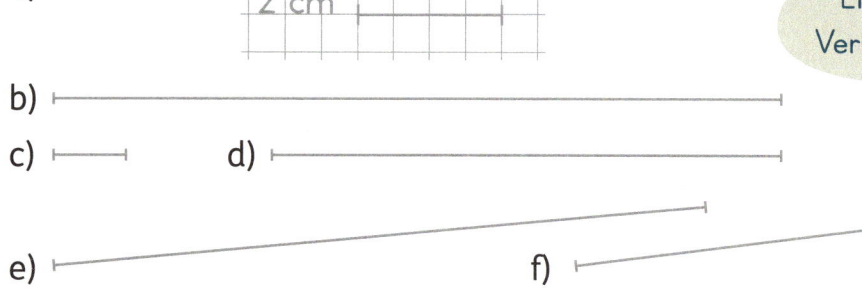

Eine Strecke ist die kürzeste Verbindung zwischen 2 Punkten.

4 Wie lang ist die Gesamtstrecke? Miss die einzelnen Strecken und rechne.

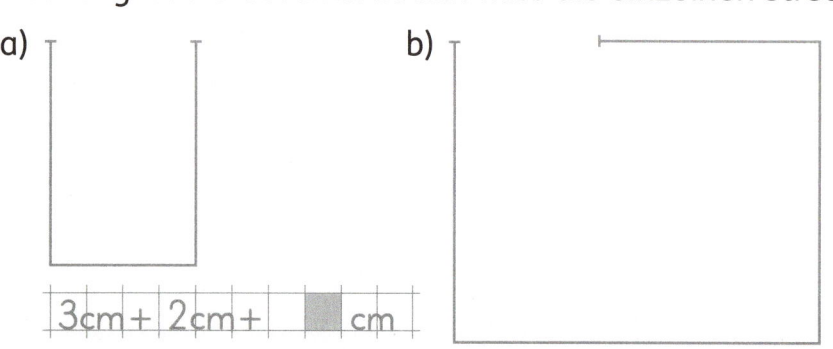

3 cm + 2 cm + ___ cm

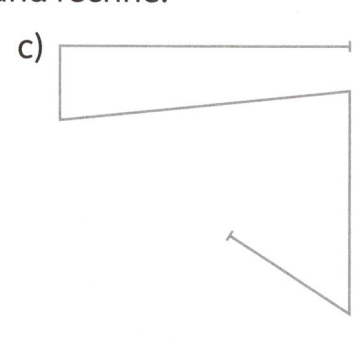

Meter und Zentimeter

1 Messt in eurem Klassenzimmer.

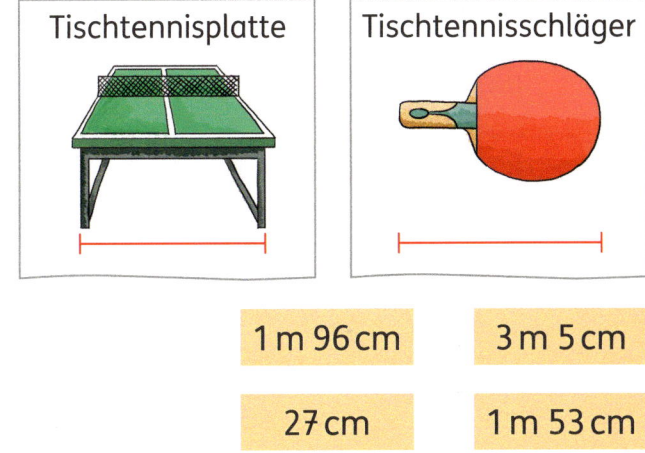

Der Tisch ist 30 cm länger als 1 m.

Dann ist er ▢ m ▢ cm lang!

Tisch: ▢ m ▢ cm

Tisch	Fenster
Tür (Breite)	Schrank (Höhe)
Tür (Höhe)	Schrank (Breite)

2 a) Was passt zusammen? Begründe.
b) Ordne die Dinge nach der Länge.

Basketballspieler

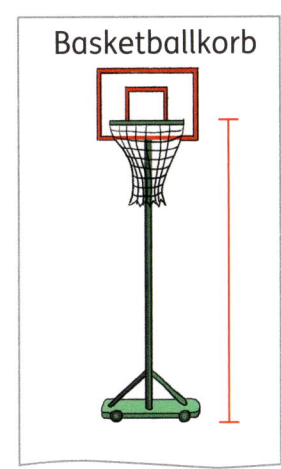
Basketballkorb

Tischtennisplatte

Tischtennisschläger

1 m 96 cm   3 m 5 cm

27 cm   1 m 53 cm

3 Wie viele Meter und Zentimeter sind es zusammen?

a) 2 m + 40 cm    2 m + 4 0 cm =
    2 m + 22 cm
    2 m + 35 cm
    2 m + 75 cm

b) 34 cm + 4 m
   78 cm + 1 m
   34 cm + 3 m
   56 cm + 4 m

c) 2 m 54 cm + 8 cm
   3 m 46 cm + 6 cm
   6 m 44 cm + 13 cm
   7 m 62 cm + 12 cm

4 Wie viel fehlt bis zum nächsten vollen Meter?

a)   60 cm + ▢ cm = 1 m
     40 cm + ▢ cm = 1 m
  1 m 70 cm + ▢ cm = 2 m
  2 m 50 cm + ▢ cm = 3 m

b) 3 m 91 cm + ▢ cm = ▢ m
   4 m 75 cm + ▢ cm = ▢ m
   3 m 81 cm + ▢ cm = ▢ m
   4 m 1 cm + ▢ cm = ▢ m

Projekt: Körperpass

1 Erstellt euren eigenen Körperpass.

- Male ein Bild von dir.
- Messt gegenseitig eure Körpermaße.
- Welche Körpermaße könnt ihr messen, die der Rabe nicht gemessen hat?
- Schreibe deine Körpermaße zu deinem Bild.

In meinem Körperpass habe ich schon viele Maße eingetragen. Welche fehlen noch?

2 Vergleicht eure Körperpässe. Wer hat …

| die größte Körpergröße? | die größte Armspanne? | den größten Fuß? |
| die kleinste Handspanne? | die kleinste Armspanne? | den kleinsten Fuß? |

3 Welche Körpergrößen gibt es in eurer Klasse?

a) Jedes Kind macht in der Liste einen Strich.

b) Welche Größen gibt es am häufigsten?

c) Welche Größe gibt es nur selten oder gar nicht?

Körpergröße	
bis 1 m 10 cm	
1 m 11 cm	bis 1 m 20 cm
1 m 21 cm	bis 1 m 30 cm
über 1 m 30 cm	

 4 Kann das stimmen? Begründe.

a) Ein Zweitklässler ist 33 cm groß.

b) Der Fuß einer Siebenjährigen ist 25 cm lang.

c) Mit 2 Schritten kommt ein Achtjähriger 7 m weit.

d) Der Füller des Lehrers ist 13 cm lang.

e) Die Klassenzimmertür ist genau 2 m 5 cm hoch.

f) Die Armspanne der Lehrerin beträgt 1 m 43 cm.

Mit Texten arbeiten

1 Die Kinder der Klasse 2a haben Aufgaben über ihre Klassenbücherei geschrieben.

Alicia

Ich lese am liebsten Tierbücher. Auch die 26 Märchenbücher gefallen mir gut. Es sind 8 Märchenbücher mehr als Tierbücher. 6 Tierbücher sind schon über 50 Jahre alt.
Wie viele Tierbücher gibt es?

Max

Es gibt 26 Märchenbücher.
Das sind 8 mehr als Tierbücher.
Wie viele Tierbücher gibt es?

a) Lest euch die Texte genau durch.
b) Vergleicht die Texte. Was fällt euch auf?
c) Welche Angaben sind zum Lösen der Aufgaben wichtig?
d) Schreibt Frage, Lösung und Antwort.

2 Omar aus der 2b hat einen Text über die Klassenbücherei der 2b geschrieben.
Die Kinder wollten alle Angaben unterstreichen, die zum Lösen wichtig sind.
Welches Kind hat die richtigen Angaben unterstrichen? Begründe und löse (F-L-A).

Marlen

<u>In unserer Bücherei gibt es 94 Bücher.</u>
<u>Es gibt 32 Märchenbücher.</u>
Die Tierbücher sind aber bei den 21 Kindern beliebter.
<u>Von den Tierbüchern gibt es 5 weniger als Märchenbücher.</u>
Wie viele Tierbücher gibt es?

Luis

In unserer Bücherei gibt es 94 Bücher.
<u>Es gibt 32 Märchenbücher.</u>
Die Tierbücher sind aber bei den 21 Kindern beliebter.
<u>Von den Tierbüchern gibt es 5 weniger als Märchenbücher.</u>
Wie viele Tierbücher gibt es?

Tom

In unserer Bücherei gibt es 94 Bücher.
Es gibt 32 Märchenbücher.
Die Tierbücher sind aber bei den 21 Kindern beliebter.
<u>Von den Tierbüchern gibt es 5 weniger als Märchenbücher.</u>
Wie viele Tierbücher gibt es?

1 Texte analysieren und miteinander vergleichen. Sachaufgabe in drei Lösungsschritten lösen (Frage, Lösung, Antwort).
2 Überprüfen, bei welchem Text sinnvoll unterstrichen wurde. Sachaufgabe in drei Lösungsschritten lösen (Frage, Lösung, Antwort).

→ Arbeitsheft, Seite 35

Mit Skizzen arbeiten

1 Frage, löse und antworte. Nutze für die Lösung eine Skizze.

a) Von einem 8 m langen Baumstamm wird immer 1 m abgesägt.
Wie lang ist der Baumstamm noch nach 3 Schnitten?

F: Wie lang ist der Baumstamm nach 3 Schnitten?
L:
8 m − 1 m − 1 m − 1 m = ☐ m
A:

b) Von einem 14 m langen Baumstamm werden immer 2 m abgesägt.
Wie lang ist der Baumstamm noch nach 5 Schnitten?

c) Von einem 16 m langen Baumstamm werden immer 5 m abgesägt.
Wie lang ist der Baumstamm noch nach 3 Schnitten?

2 Löse mithilfe einer Skizze.

a) 5 Mädchen stehen nebeneinander: Rechts außen steht Petra.
Zwischen Petra und Vivien steht nur Dora.
Neben Vivien steht Jule und neben Jule steht Anne.
In welcher Reihenfolge stehen die Mädchen?

F: In welcher Reihenfolge stehen die Mädchen?
L: ☐ ☐ ☐ ☐ P
A:

b) 4 Jungs stellen sich nebeneinander auf:
Ganz links steht Flo.
Neben Flo steht Julian.
Tom steht zwischen Julian und David.
In welcher Reihenfolge stehen die Jungs?

c) Jana ordnet 5 Buntstifte in ihre Mappe ein: Blau kommt nach links und Rot nach rechts. Zwischen Gelb und Rot liegt nur Orange. Zuletzt ordnet Jana Grün ein.
In welcher Reihenfolge liegen die Stifte?

48   **1, 2** Verschiedene Skizzen als Lösungshilfe kennenlernen und anwenden. Sachaufgaben in drei Schritten lösen (Frage, Lösung, Antwort).   **1** Sachsituation exemplarisch mit einer Schnur nachspielen.

→ Arbeitsheft, Seite 36

Sachrechnen mit Längen

1 Frage, löse und antworte.

> Mia ist 1 m 28 cm groß.
> Ihr Vater ist genau 2 m groß.

F: Wie viele Zentimeter ist Mia kleiner als ihr Vater?

L: 1 m 28 cm + ▭ cm = 2 m

A:

2 Welche Fragen kannst du beantworten? Entscheide, löse und antworte.

> Herr Müller ist 2 m groß.
> Seine Tochter Lia ist halb so groß und sein Sohn Felix ist 15 cm größer als seine Schwester.

a) Wie groß ist Lia?

b) Wie groß ist Felix?

c) Wie alt sind Lia und Felix?

3 Welche Fragen kannst du beantworten? Entscheide, löse und antworte.

> Vater Anton ist der Größte in der Familie.
> Er ist 1 m 99 cm groß.
> Seine Tochter Sophie ist die Kleinste in der Familie.
> Sie ist halb so groß wie ihr Bruder Peter.
> Er ist 1 m 80 cm.
> Mama Sonja ist 8 cm kleiner als ihr Mann.

a) Wer ist der Größte in der Familie?

b) Wie groß ist Mama Sonja?

c) Wie groß ist Tochter Sophie?

d) Wie viel kleiner ist Peter als sein Vater Anton?

e) Wie alt ist Tochter Sophie?

f) Denkt euch weitere Fragen zum Text aus.

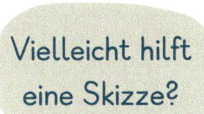

Vielleicht hilft eine Skizze?

Wiederholung

1
a) 72 + 4
   61 + 7
   63 + 3
   70 + 0
   61 + 3

b) 35 − 4
   48 − 7
   39 − 6
   38 − 3
   49 − 4

c) 45 + 8
   56 + 5
   44 + 7
   57 + 6
   49 + 6

d) 72 − 7
   63 − 6
   75 − 8
   76 − 7
   65 − 6

🔑 64 66 68 70 74 76   31 33 35 37 41 45   51 53 55 61 63 65   57 59 61 65 67 69

2
a) 47 + 50
   14 + 80
   65 + 20
   23 + 60
   28 + 70

b) 88 − 40
   62 − 10
   64 − 30
   92 − 70
   58 − 50

c) 51 + 25
   33 + 41
   14 + 54
   42 + 36
   22 + 44

d) 89 − 37
   94 − 52
   78 − 34
   87 − 31
   99 − 45

🔑 83 85 94 95 97 98   8 22 33 34 48 52   64 66 68 74 76 78   42 44 46 52 54 56

3
a) 36 + ☐ = 41
   72 + ☐ = 80
   26 + ☐ = 32
   49 + ☐ = 52
   86 + ☐ = 93

b) ☐ + 9 = 60
   ☐ + 4 = 51
   ☐ + 5 = 63
   ☐ + 7 = 55
   ☐ + 6 = 62

c) 62 − ☐ = 59
   74 − ☐ = 69
   32 − ☐ = 26
   96 − ☐ = 87
   44 − ☐ = 36

d) ☐ − 7 = 56
   ☐ − 9 = 69
   ☐ − 8 = 59
   ☐ − 9 = 65
   ☐ − 6 = 58

🔑 3 4 5 6 7 8   46 47 48 51 56 58   2 3 5 6 8 9   63 64 67 70 74 78

4 Setze um 4 Zahlen fort.

a) 20 → 24 → 28 → 32
b) 38 → 43 → 48 → 53
c) 13 → 14 → 16 → 19

d) 80 → 76 → 72 → 68
e) 92 → 86 → 80 → 74
f) 63 → 62 → 60 → 57

5 Miss die Länge jeder Strecke. Zeichne sie dann in dein Heft.

a)    b)

c)   d)

e)   f)

1, 2 Additions- und Subtraktionsaufgaben lösen. **3** Gleichungen lösen. **4** Arithmetische Muster in den Zahlenfolgen erkennen. Die Zahlenfolgen jeweils im Heft notieren und um 4 Zahlen fortsetzen. **5** Strecken mit dem Lineal messen und anschließend ins Heft übertragen.

→ Arbeitsheft, Seite 37

6
a) 43 + 6
63 − 2
72 − 4
51 + 4
74 + 9

b) 56 + 5
35 − 8
59 − 8
53 − 7
82 + 6

c) 41 + 28
49 − 32
92 − 61
69 + 10
87 − 60

d) 36 + 63
76 − 40
81 − 20
50 + 17
27 + 70

31 49 55
61 68 83

27 46 51
61 68 88

17 27 31
43 69 79

36 52 61
67 97 99

7 <, > oder = ?
a) 53 − 7 ◯ 43
27 + 2 ◯ 29
38 + 3 ◯ 38
69 − 4 ◯ 59
75 − 8 ◯ 68

b) 46 + 5 ◯ 52
81 + 6 ◯ 85
64 − 9 ◯ 59
52 − 8 ◯ 42
73 − 2 ◯ 69

c) 41 + 20 ◯ 61
37 − 10 ◯ 25
80 − 17 ◯ 69
40 + 32 ◯ 82
66 − 50 ◯ 26

d) 74 + 16 ◯ 95
12 + 26 ◯ 38
38 + 21 ◯ 60
76 − 34 ◯ 32
23 + 63 ◯ 86

8 Wie viel fehlt noch bis zum nächsten vollen Meter?
a) 70 cm + ▢ cm = 1 m
93 cm + ▢ cm = 1 m
30 cm + ▢ cm = 1 m
97 cm + ▢ cm = 1 m
1 cm + ▢ cm = 1 m

b) 1 m 90 cm + ▢ cm = 2 m
1 m 20 cm + ▢ cm = 2 m
1 m 92 cm + ▢ cm = 2 m
1 m 0 cm + ▢ cm = 2 m
1 m 99 cm + ▢ cm = 2 m

c) 1 m 91 cm + ▢ cm = 2 m
2 m 40 cm + ▢ cm = 3 m
3 m 10 cm + ▢ cm = 4 m
4 m 95 cm + ▢ cm = 5 m
5 m 94 cm + ▢ cm = 6 m

3 7 9
30 70 99

1 8 10
40 80 100

5 6 9
60 90 95

9
a) 24 + 30 / + / 20 + / + / 84

b)

c)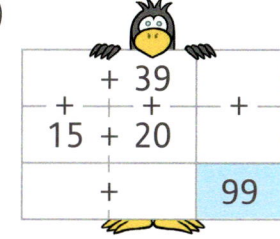

10
a) 92 + 6 + 2
82 + 6 + 2
72 + 5 + 2
62 + 5 + 2
52 + 4 + 2

b) 19 − 7 − 2
28 − 6 − 2
37 − 5 − 2
46 − 4 − 2
55 − 3 − 2

c) 99 − 19 − 0
88 − 18 − 1
77 − 17 − 2
66 − 16 − 3
55 − 15 − 4

6 Additions- und Subtraktionsaufgaben lösen. 7 Aufgaben ins Heft übertragen und die fehlenden Relationszeichen ergänzen. 8 Gegebene Längen auf den vollen Meter ergänzen. 9 Rabomaten vervollständigen. 10 Arithmetische Muster in den Aufgabenrollen finden und fortführen.

→ Arbeitsheft, Seite 37

Rückblick

1 Ordne nach der Größe. Beginne mit der kleinsten Zahl.

a) 83 27 11, 27
11 34
46 91
76 84

b) 29 5
72 99
40 50
13 66

c) 41 54
1 14
45 10
100 55

2 a) Zeichne die Muster ab.

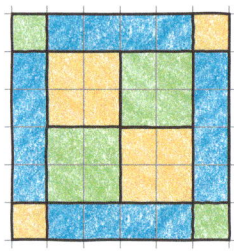

b) Zeichne ab und setze fort.

3 a) Wie heißen die Nachbarzahlen?

V	Z	N
23	24	25
	46	
	68	
	79	
	90	

V	Z	N
33		
		48
59		
		71
88		

b) Wie heißen die Nachbarzehner?

NZ	Z	NZ
10	12	20
	67	
	36	
	79	
	54	

NZ	Z	NZ
	41	
	29	
	78	
	20	
	95	

4 Welche Frage kannst du jeweils beantworten? Entscheide, löse und antworte.

a)

Wie viel Geld muss Jule bezahlen?
Wie viel Geld bekommt Jule zurück?

b)

Wann beginnt der Film?
Wie viel Geld bekommt Tim zurück?

1 Zahlen nach der Größe ordnen. 2 Vorgegebene Muster freihand oder mit dem Lineal ins Heft übertragen und färben. Muster erkennen und regelmäßig fortsetzen. 3 Tabellen ins Heft übertragen und Nachbarzahlen bzw. Nachbarzehner eintragen. 4 Entscheiden, welche Frage jeweils beantwortet werden kann. Frage aufschreiben, lösen und beantworten.

Knobeln mit Texten

1 Wer sitzt wo?

a) Ina, Ben, Tabea und Daniel sitzen in der 1. Reihe.
b) Ina sitzt neben Ben.
c) Ina sitzt nicht neben Tabea.
d) Ben sitzt auf Platz 1.
e) Max, Tom, Anina und Jana sitzen in der 2. Reihe.
f) Anina sitzt nicht neben Jana.
g) Max sitzt links neben Tom.
h) Jana sitzt auf Platz 8.

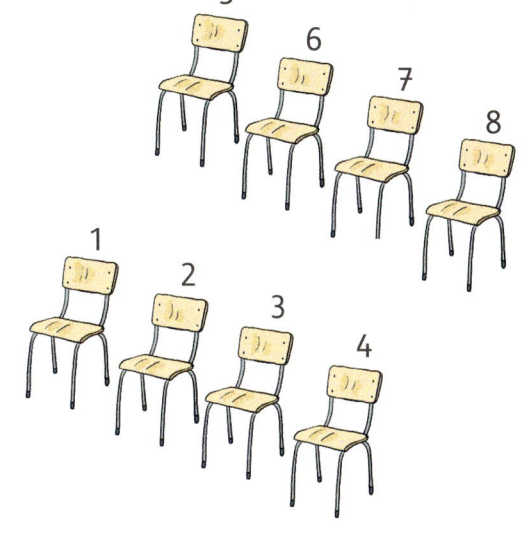

2 Der Rabe stellt 9 Kisten ins Regal. Wo steht welche Kiste?

a) Die Kiste im Fach Nr. 3 ist orange.
b) Über der weißen steht die blaue Kiste.
c) Zwischen Weiß und Rot steht die grüne Kiste.
d) Rechts unten steht die hellbraune Kiste.
e) Links unten findet man die gelbe Kiste.
f) In der unteren Reihe steht die graue Kiste.
g) Über dem 4. Fach steht die blaue Kiste.

3 Jedes Kind betreibt eine andere Sportart. Wer betreibt welche Sportart? Schreibe die Tabelle ins Heft.

wahr: ✓   falsch: f

a) Die Mädchen brauchen keinen Ball.
b) Anton spielt Tischtennis.
c) Eines der Mädchen liebt Radfahren.
d) Ole spielt kein Tennis.
e) Ein Junge spielt Fußball.
f) Lea findet Skateboards langweilig.
g) Bens Hobby ist Tennis.

	⚽	🚲	🏓	🎾	🛹
Lea	f		f	f	
Anton					
Ina					
Ben					
Ole					

1–3 Aussagen zu den Aufgaben aufmerksam lesen und für die Lösung jeweils relevante Information entnehmen. Dabei müssen Aussagen auch zueinander in Beziehung gesetzt werden, um die jeweils gesuchten Zuordnungen (z. B. Name des Kindes zur Platznummer) zu bestimmen.   **3** Für die Sportarten können Abkürzungen genutzt werden.

→ Arbeitsheft, Seite 38

Malnehmen

○ 1

Findest du Rechengeschichten?

> 2 + 2 + 2 = 6
> 3 · 2 = 6
> mal
> die Malaufgabe

○ 2

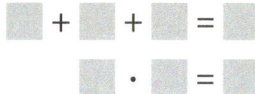

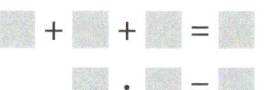

○ 3

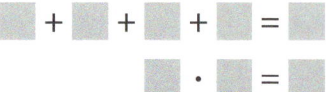

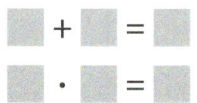

1 Die Multiplikation über die wiederholte Addition einführen (zeitlich-sukzessiver Aspekt: mehrfache Ausführung einer Handlung). Die Multiplikationsaufgabe wird aus der Additionsaufgabe abgeleitet. 2, 3 Zu den Bildern erzählen. Passende Additionsaufgaben finden und daraus die Multiplikationsaufgaben ableiten.

→ Arbeitsheft, Seite 39

Malnehmen

1 Schreibe die Plusaufgabe und die Malaufgabe.

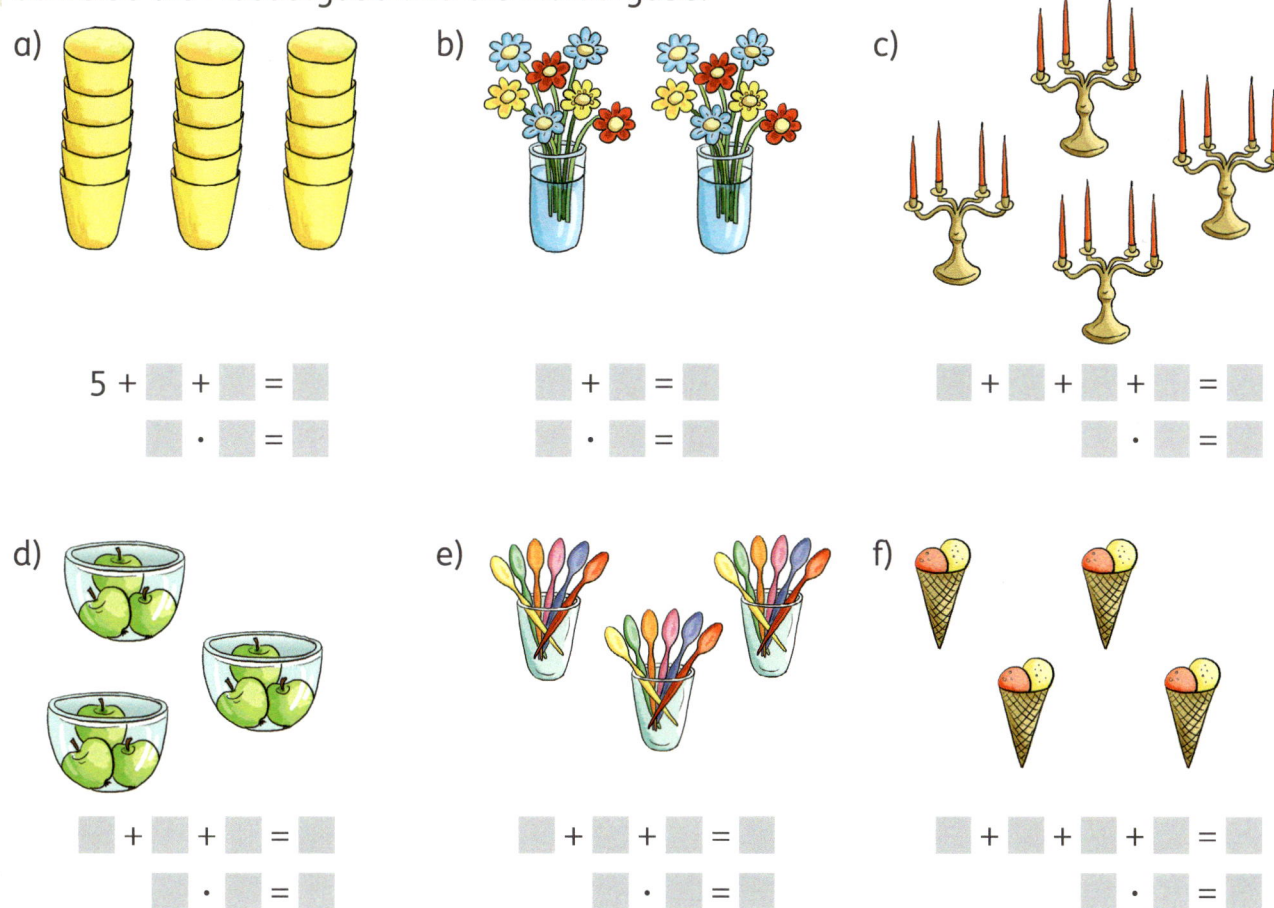

a) 5 + ☐ + ☐ = ☐
   ☐ · ☐ = ☐

b) ☐ + ☐ = ☐
   ☐ · ☐ = ☐

c) ☐ + ☐ + ☐ + ☐ = ☐
   ☐ · ☐ = ☐

d) ☐ + ☐ + ☐ = ☐
   ☐ · ☐ = ☐

e) ☐ + ☐ + ☐ = ☐
   ☐ · ☐ = ☐

f) ☐ + ☐ + ☐ + ☐ = ☐
   ☐ · ☐ = ☐

2 Finde Malaufgaben. Schreibe zu jeder Malaufgabe auch die Plusaufgabe.

1 Passende Additionsaufgaben finden und daraus die Multiplikationsaufgaben ableiten (räumlich-simultaner Aspekt).
2 Multiplikationsaufgaben im Bild finden. Zu jeder Multiplikationsaufgabe auch die Additionsaufgabe notieren.

→ Arbeitsheft, Seite 39

Malnehmen

1

2 Schreibe die Malaufgabe und rechne.

a)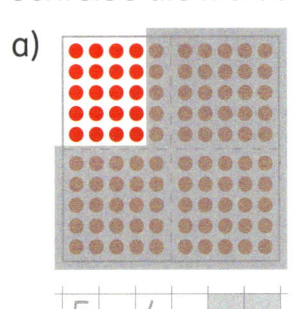
5 · 4 =

b)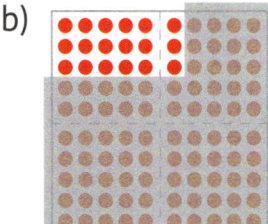

c)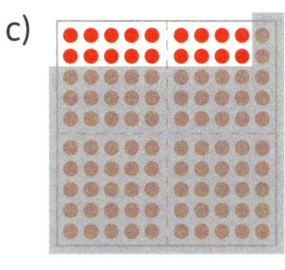

d)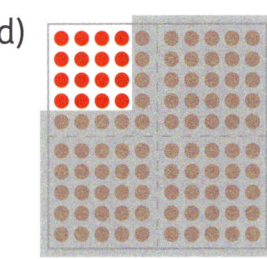

e)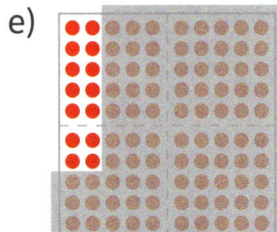

f)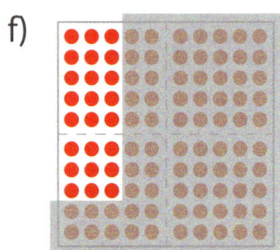

g)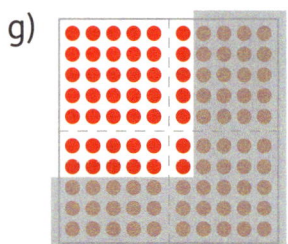

h)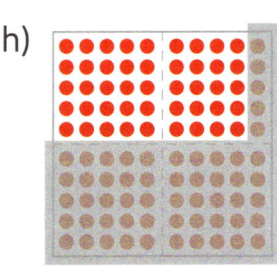

3 Zeichne das Punktebild und rechne.

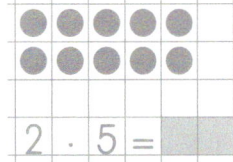
2 · 5 =

2 · 5
4 · 9
5 · 5
9 · 3
3 · 2

4 Zeigt am Hunderterfeld und rechnet.

a) 5 · 8
4 · 4
10 · 1
3 · 7
2 · 9

b) 2 · 7
6 · 2
3 · 8
7 · 5
4 · 6

5 a) Finde am Hunderterfeld 4 Malaufgaben mit 12 Punkten. Schreibe und rechne.
b) Finde am Hunderterfeld 4 Malaufgaben mit 20 Punkten. Schreibe und rechne.

1 Darstellung von Multiplikationsaufgaben mit dem Abdeckwinkel am Hunderterfeld kennenlernen. Darstellung in Punktebildern übertragen. 2 Aufgaben am Hunderterfeld erkennen, zeigen und rechnen. Abdeckwinkel nutzen (KV). 3, 4 Aufgaben zeichnen bzw. zeigen und lösen. 5 Verschiedene Ausschnitte und Malaufgaben für das gleiche Ergebnis finden.

→ Arbeitsheft, Seite 40

Tauschaufgaben

1

die Tauschaufgabe

2 Rechne die Malaufgabe und die Tauschaufgabe.

a) 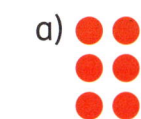 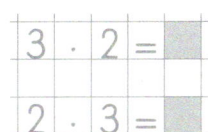 b)  c)

d) 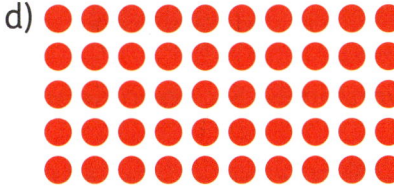 e) 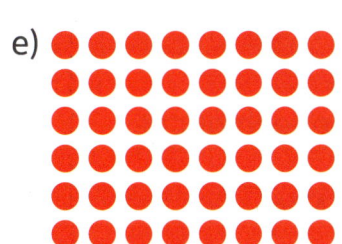 f) 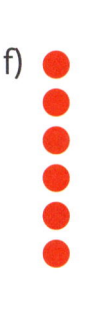 g)

h) 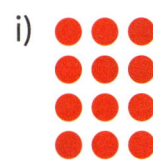 i) j) k)

3 Zeichne Punktebilder. Rechne die Malaufgabe und die Tauschaufgabe.

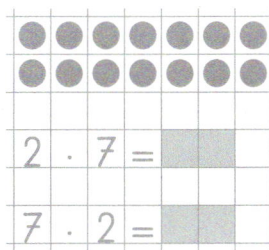

a) 2 / 7   b) 4 / 2   c) 8 / 3   • g) 11 / 2

d) 3 / 3   e) 10 / 1   f) 5 / 5   h) 0 / 8

1 Punktebilder von verschiedenen Seiten betrachten. Beide Multiplikationsaufgaben ablesen, dafür ggf. das Buch drehen. Weitere Aufgaben an konkretem Material finden.   2 Multiplikationsaufgabe und Tauschaufgabe zu den Punktebildern finden und lösen.   3 Aus den Aufgabenkarten Punktebilder zeichnen. Beide Aufgaben bilden und lösen.

→ Arbeitsheft, Seite 41

Aufteilen

1 12 : 4

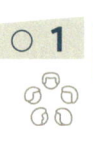

Immer 4 Kinder an eine Bahn.

Es werden ▦ Bahnen benötigt.

die Geteiltaufgabe

12 : 4 = 3

durch

2 a) Immer 5 Schwimmbretter in ein Fach.   b) Immer 4 Tauchringe an eine Stange.

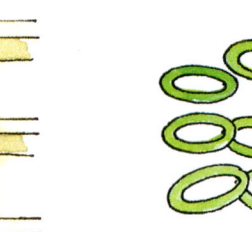

 15 : 5 = ▦

Es werden ▦ Fächer gebraucht.

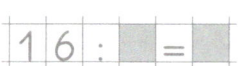 16 : ▦ = ▦

Es werden ▦ Stangen gebraucht.

3 a) Immer ▦ Bälle in ein Netz.   b) Immer ▦ Flossen an einen Haken.

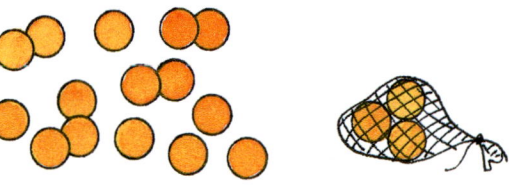

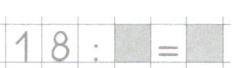 18 : ▦ = ▦

Es werden ▦ Netze gebraucht.

▦ : ▦ = ▦

Es werden ▦ Haken gebraucht.

4 Frage, löse und antworte.

Lege mit Plättchen.

a) Der Lehrer hat 25 Wasserbälle.
Immer 5 kommen in eine Tüte.

b) Die Kinder haben 18 Schwimmflügel.
Sie binden immer 2 zu einem Paar.

1 Einführung der Division über das Aufteilen. Sprech- und Schreibweise kennenlernen. Weitere Rechengeschichten finden und nachspielen, ggf. mit Plättchen auf Tellern (oder Papier) legen.   2, 3 Den Bildern entnehmen, wie aufgeteilt werden soll. Divisionsaufgaben notieren und lösen. Antwortsatz formulieren.   4 Sachaufgaben lösen (F–L–A).

Verteilen

1 Wie viele Erdbeeren bekommt jedes Kind?

Ich verteile alle 10 Erdbeeren. Für jedes der 5 Kinder immer gleich viele.

10 : 5 = ▢

2 a) Auf jeden Teller gleich viele Beeren.

1 5 : 3 = ▢

Immer ▢ Beeren auf einem Teller.

b) In jede Schale gleich viele Bananen.

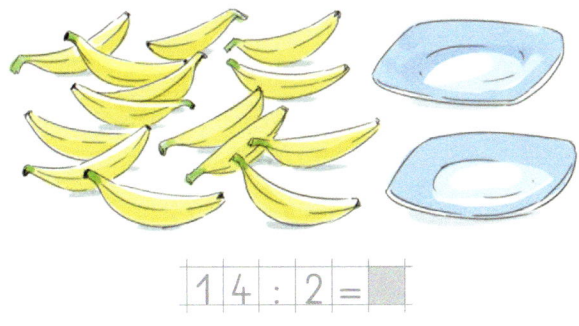

1 4 : 2 = ▢

Immer ▢ Bananen in einer Schale.

3 a) Auf jeden Teller gleich viele Stücke.

8 : ▢ = ▢

Immer ▢ Stücke auf einem Teller.

b) In jede Dose gleich viele Stücke.

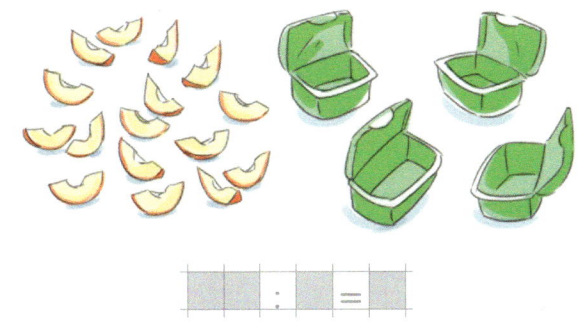

▢ : ▢ = ▢

Immer ▢ Stücke in einer Dose.

4 a) Verteile 18 Spielkarten an …

| 9 Kinder. | 6 Kinder. | 18 Kinder. |

1 8 : 9 = ▢   2 Kinder.   3 Kinder.

b) Verteile 32 Spielkarten an …

| 8 Kinder. | 4 Kinder. | 32 Kinder. |

Teilen üben

1

2 Legt und rechnet. Erklärt abwechselnd. $20 : 5 =$

a) 20 : 5
   20 : 2
   10 : 5
   10 : 2

b) 18 : 2
   18 : 3
   6 : 2
   6 : 3

c) 18 : 9
   18 : 3
   9 : 9
   9 : 3

d) 12 : 2
   12 : 4
   4 : 2
   4 : 4

3 Finde die Aufgaben. Schreibe und rechne.

a) Auf jeden Teller 4 Stück. Teile auf.

   12 Kekse   8 Bananen

   24 Bonbons   16 Beeren

b) Insgesamt 20 Äpfel. Verteile an …

   2 Kinder.   5 Kinder.

   4 Kinder.   10 Kinder.

4 a) In der Klasse 2b sind 26 Kinder. Die Anzahl der Mädchen lässt sich durch 4 teilen und die Anzahl der Jungen durch 5. Wie viele Mädchen und Jungen sind in der Klasse?

b) Zum Spielnachmittag kommen weniger als 20 Kinder. Zuerst werden 3er-Gruppen gebildet. Kein Kind bleibt übrig. Später werden 4er-Gruppen gebildet. Kein Kind bleibt übrig. Erst bei 5er-Gruppen sind 2 Kinder übrig. Wie viele Kinder sind es?

Ich probiere mit Plättchen …   … oder zeichne eine Skizze.

1, 2 Aufteilen und Verteilen durch Legen mit Plättchen auf Tellern (oder Papier) üben. Das Vorgehen beim Legen der Divisionsaufgabe erklären. **2** Aufgaben legen, notieren und rechnen. **3** Aufteilen und Verteilen üben. **4** Beim Lösen kann es hilfreich sein, mit Plättchen auszuprobieren oder eine Skizze anzufertigen.

→ Arbeitsheft, Seite 42

Umkehraufgaben

1

die Aufgabe	$15 : 3 = \square$	
	$\square \cdot 3 = 15$	die Umkehraufgabe

2 a)  b) c) d)

$18 : 6 = \square$ $\square : 5 = \square$ $\square : 3 = \square$ $\square : 2 = \square$
$\square \cdot 6 = \square$ $\square \cdot 5 = \square$ $\square \cdot 3 = \square$ $\square \cdot 2 = \square$

3 Lege mit Plättchen und rechne. Kontrolliere mit der Umkehraufgabe.

a) $8 : 4 = \square$ b) $18 : 3 = \square$ c) $12 : 2 = \square$
   $\square \cdot \square = \square$ $\square \cdot \square = \square$ $\square \cdot \square = \square$

d) $24 : 4 = \square$ e) $25 : 5 = \square$ f) $20 : 4 = \square$
   $\square \cdot \square = \square$ $\square \cdot \square = \square$ $\square \cdot \square = \square$

4 Zeichne Punktebilder und rechne. Kontrolliere mit der Umkehraufgabe.

a) $12 : 3 = \square$ | 12 : 3 | 18 : 6 | • b) | 0 : 6 |
   $4 \cdot 3 = \square$ | 20 : 5 | 14 : 7 | | 36 : 12 |

---

1 Division und Multiplikation als Umkehroperationen verstehen. Die Umkehraufgabe als Kontrollrechnung verwenden. 2 Den Bildern Aufgaben und Umkehraufgaben entnehmen und lösen. 3 Divisionsaufgaben mit Plättchen legen. Plättchendarstellung mit der Umkehraufgabe kontrollieren. 4 Punktebilder zeichnen und mit der Umkehraufgabe kontrollieren.

→ Arbeitsheft, Seite 43

Aufgabenfamilien

○ **1**

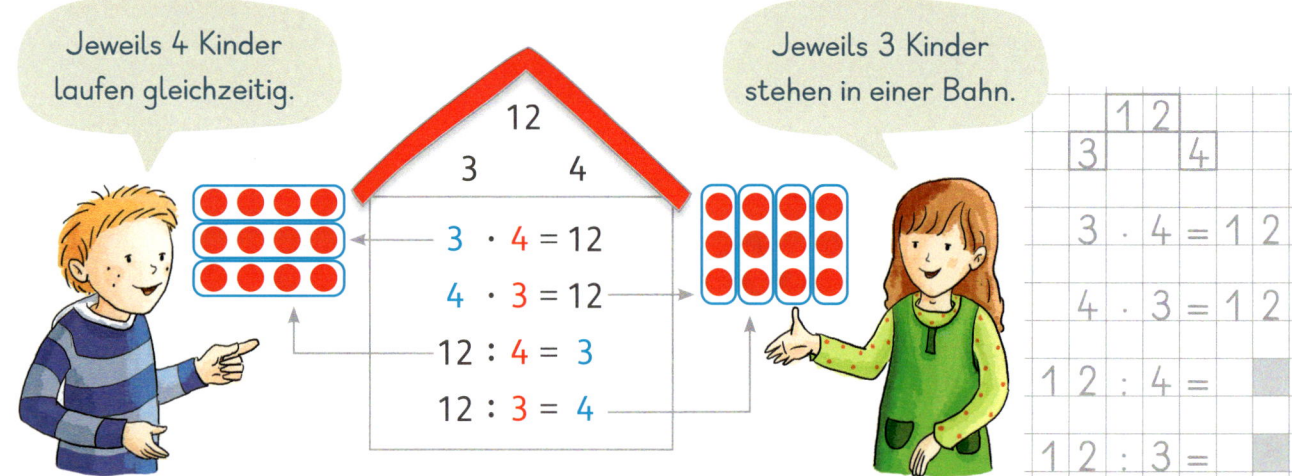

○ **2** Schreibe zu jedem Punktebild die Aufgabenfamilie.

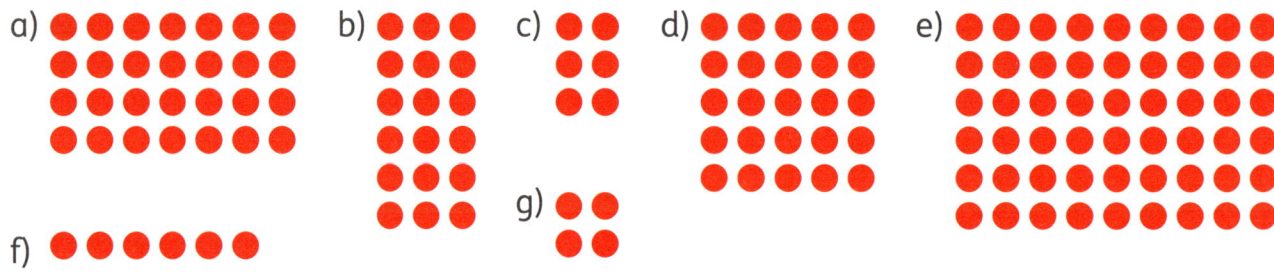

○ **3** Schreibe Aufgabenfamilien.

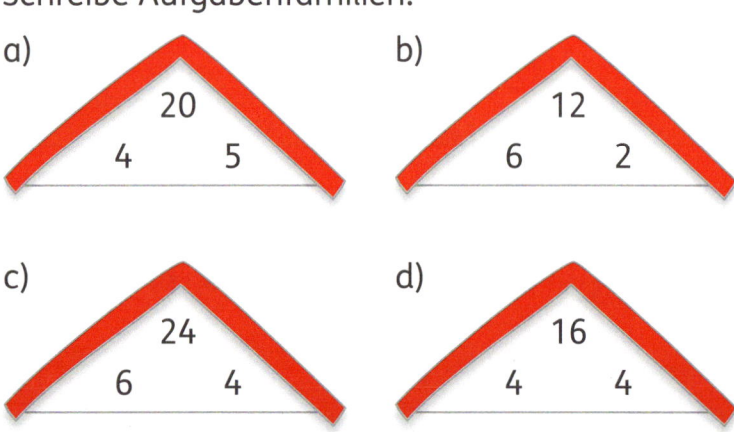
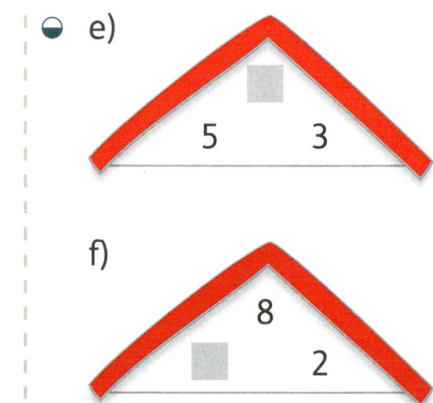

Einmaleins mit 1 und 0

1 Wie viele ...?

0 · 1	0 · 0
1 · 1	1 · 0
2 · 1	2 · 0
3 · 1	3 · 0
4 · 1	4 · 0
5 · 1	5 · 0
6 · 1	6 · 0
7 · 1	7 · 0
8 · 1	8 · 0
9 · 1	9 · 0
10 · 1	10 · 0

1 + 1 + 1 = ☐   0 + 0 + 0 = ☐
☐ · 1 = ☐   ☐ · 0 = ☐

 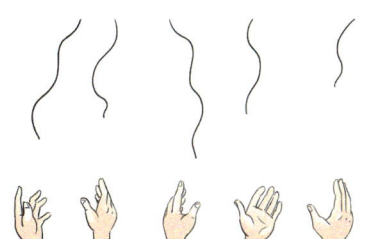

☐ · 1 = ☐   ☐ · 0 = ☐

2 Wie viele sind es jeweils? Nutze das Hunderterfeld und rechne.

a)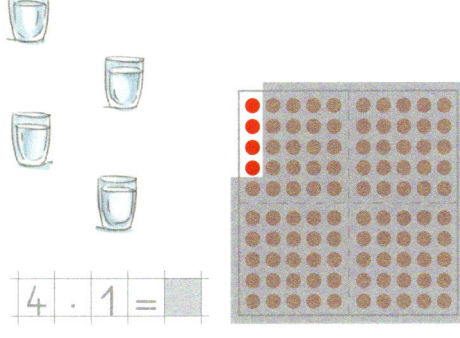

4 · 1 =

b)

c)

d)

e)

3 Rechne Aufgabe und Tauschaufgabe.

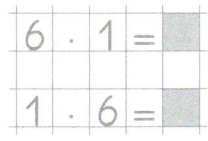

6 · 1 =
1 · 6 =

6 · 1	0 · 1	8 · 0
10 · 1	4 · 1	0 · 1
5 · 1	3 · 1	7 · 1
9 · 0	1 · 1	5 · 0

Das Malnehmen mit 1 und mit 0 ist einfach.

4 Rechne Aufgabe und Umkehraufgabe.

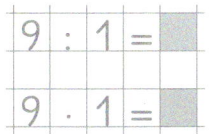

9 : 1 =
9 · 1 =

| 9 : 1 | 8 : 1 | 4 : 1 | 3 : 1 | 6 : 1 |
| 2 : 1 | 10 : 1 | 7 : 1 | 5 : 1 | 1 : 1 |

63

Einmaleins mit 10

1 Wie viele Packungen sind es? Wie viele Eier sind es? Wie viele ...?

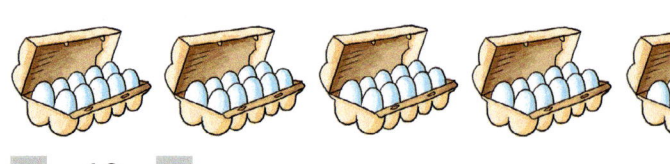

☐ · 10 = ☐

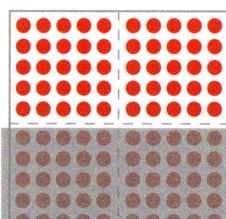

☐ · 10 = ☐

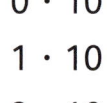

0 · 10
1 · 10
2 · 10
3 · 10
4 · 10
5 · 10
6 · 10
7 · 10
8 · 10
9 · 10
10 · 10

2 Wie viele sind es jeweils? Nutze das Hunderterfeld und rechne.

a)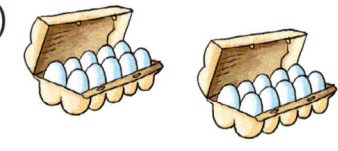

b)

c)

3 · 10 = ☐

d)

e)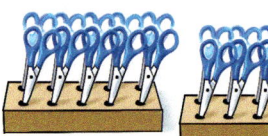

3 Rechne Aufgabe und Tauschaufgabe.

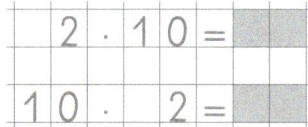

| 2 · 10 | 8 · 10 | 6 · 10 | 5 · 10 | 0 · 10 |
| 7 · 10 | 1 · 10 | 4 · 10 | 9 · 10 | 3 · 10 |

4 a) 10 · ☐ = 50   10 · ☐ = 20   b) 30 : ☐ = 3   70 : ☐ = 7
10 · ☐ = 30   10 · ☐ = 60   20 : ☐ = 2   60 : ☐ = 6
10 · ☐ = 70   10 · ☐ = 40   50 : ☐ = 5   90 : ☐ = 9
10 · ☐ = 80   10 · ☐ = 90   40 : ☐ = 4   80 : ☐ = 8

5 a) 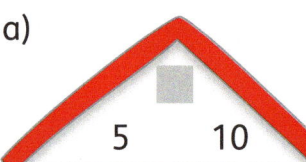   b)    c)

1, 2 Die Ergebnisse des Einmaleins mit 10 erarbeiten und einprägen. **2** Aufgaben zu den Bildern finden und lösen. Das Hunderterfeld zur Hilfe nehmen, ggf. Punktebild zeichnen. **3** Aufgaben und Tauschaufgaben notieren und lösen. **4** Aufgaben mithilfe der Zehnerreihe lösen. **5** Zu den vorgegebenen Zahlen alle Aufgaben einer Familie finden (Einmaleins mit 10).

→ Arbeitsheft, Seite 46

Einmaleins mit 5

1 Wie viele Hände sind es? Wie viele Finger sind es? Wie viele …?

4 · 5 ist doch die Hälfte von 4 · 10.

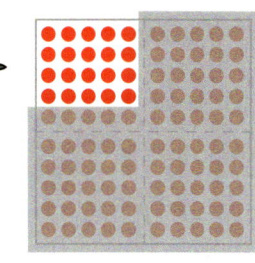

 · 5 =

0 · 5
1 · 5
2 · 5
3 · 5
4 · 5
5 · 5
6 · 5
7 · 5
8 · 5
9 · 5
10 · 5

2 Wie viele sind es jeweils? Nutze das Hunderterfeld und rechne.

a)  b) 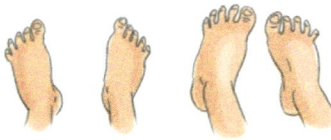 c)

d)  e)  f)

3 Rechne Aufgabe und Tauschaufgabe.

3 · 5   8 · 5   2 · 5   6 · 5   0 · 5   4 · 5   9 · 5

4 Notiere die Aufgaben und rechne.

a)

Wie viele Hände?
Wie viele Finger?
Wie viele Füße?
Wie viele Zehen?
Wie viele Kinder?

b)

Wie viele Kinder?
Wie viele Hände?
Wie viele Finger?
Wie viele Füße?
Wie viele Zehen?

Einmaleins mit 2

1 Wie viele Paare sind es? Wie viele einzelne Schuhe sind es? Wie viele ...?

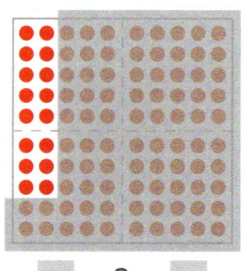

☐ · 2 = ☐

0 · 2
1 · 2
2 · 2
3 · 2
4 · 2
5 · 2
6 · 2
7 · 2
8 · 2
9 · 2
10 · 2

> ❗ Beim Malnehmen mit 2 wird verdoppelt.
> Beim Teilen durch 2 wird halbiert.

2 Wie viele sind es jeweils? Nutze das Hunderterfeld und rechne.

a) 3 Paar Strümpfe
b) 4 Paar Stiefel
c) 1 Paar Inliner
d) 7 Paar Turnschuhe

3 · 2 = ☐

e) 10 Paar Socken
f) 5 Paar Flossen
g) 2 Paar Handschuhe

3 Wie viele Paare sind es jeweils?

a) 16 Schlittschuhe
b) 2 Schnürsenkel
c) 18 Badeschuhe
d) 10 Ohrringe
e) 12 Flip-Flops
f) 8 Wanderstiefel
g) 4 Stelzen
h) 20 Sandalen

4 Frage, löse und antworte.

a) Tobi braucht neue Fußballschuhe. Er probiert 3 Paar an.

b) Seine Schwester probiert zweimal so viele Schuhe an wie Tobi.

5 Frage, löse und antworte.

a) Ina braucht neue Schuhe. Sie probiert 4 Paar Sandalen an und 3 Paar Turnschuhe.

b) Im Regal stehen doppelt so viele Turnschuhe wie Sandalen. Es gibt 5 Paare Sandalen. Ein Turnschuh ist verschwunden.

1, 2 Die Ergebnisse des Einmaleins mit 2 erarbeiten und einprägen. Den Zusammenhang zwischen Verdoppeln und Multiplizieren mit 2 und von Halbieren und Dividieren durch 2 herstellen. 2 Multiplikationsaufgaben mit 2 bilden und lösen. Das Hunderterfeld zur Hilfe nehmen, ggf. Punktebild zeichnen. 3 Divisionsaufgaben mit 2 bilden und lösen. 4, 5 Sachaufgaben lösen.

→ Arbeitsheft, Seite 47

Gerade und ungerade Zahlen

1 Versucht, für die Zahlen jeweils 2 gleich hohe Türme zu bauen.

gerade Zahlen: 0, 2, 4, 6, …   ungerade Zahlen: 1, 3, 5, …
Gerade Zahlen sind durch 2 teilbar.

2 a) Lege auf deiner Hundertertafel Plättchen auf die Zahlen von 1 bis 30:
● gerade Zahlen
● ungerade Zahlen

b) Welche Zahlen sind gerade, welche sind ungerade? Schreibe.

gerade: 32
ungerade: 43

32
43   51   56
64   69   75
88   90   97

Ich erkenne es am Einer!

3 Gerade oder ungerade? Was fällt euch auf?

4 + 4 = ▢   ▢ + ▢ = ▢   ▢ + ▢ = ▢   ▢ + ▢ = ▢

4 Finde jeweils 2 Aufgaben. Das Ergebnis soll einmal gerade und einmal ungerade sein.

24 + 2 = 26
24 + ▢ = 27

24 + ▢ = ▢   31 + ▢ = ▢   50 + ▢ = ▢
29 − ▢ = ▢   40 − ▢ = ▢   16 − ▢ = ▢

1, 2 Gerade und ungerade Zahlen einführen. Gerade Zahlen als diejenigen erkennen, die halbiert werden können. **3** Erkennen, dass das Ergebnis bei der Addition von zwei ungeraden Zahlen gerade ist, bei der Addition von zwei geraden Zahlen auch gerade ist und bei der Addition einer geraden und einer ungeraden Zahl ungerade ist. Die Aufgaben ggf. nachbauen.

→ Arbeitsheft, Seite 48

Verdoppeln und Halbieren nutzen

1

2 · 3   ☐ · 3   6 · 4   ☐ · 4

2 a) Verdopple. Zeichne Punktebilder.   b) Halbiere. Zeichne Punktebilder.

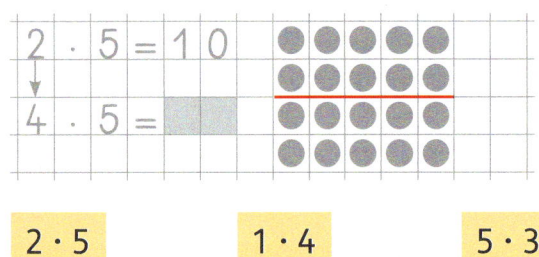   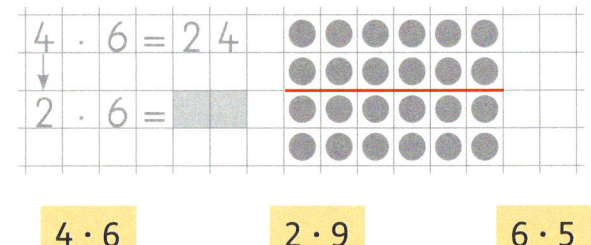

2 · 5   1 · 4   5 · 3   4 · 6   2 · 9   6 · 5

3 a) Verdopple.   b) Halbiere.

| 2 · 4 | 1 · 3 | 2 · 1 | 6 · 2 | 2 · 10 | 10 · 0 |
| 4 · 4 | 2 · 3 | 4 · 1 | 3 · 2 | 1 · 10 | 5 · 0 |

| 4 · 4 | 2 · 3 | 4 · 1 | 8 · 2 | 6 · 10 | 4 · 0 |
| ☐ · 4 | ☐ · 3 | ☐ · 1 | ☐ · 2 | ☐ · 10 | ☐ · 0 |

4 a)

Jonas denkt sich eine Zahl. Sie ist das Doppelte von 3 · 5.

Mara denkt sich eine Zahl. Sie ist die Hälfte von 6 · 10.

b) Erkan denkt sich eine Zahl. Sie ist das Doppelte vom Doppelten von 2 · 2.

Leo denkt sich eine Zahl. Sie ist das Zweifache von 4 · 5.

Erfinde eigene Zahlenrätsel.

Sanni denkt sich eine Zahl. Sie ist die Hälfte von der Hälfte von 8 · 5.

---

1 Das Verdoppeln und Halbieren nutzen, um weitere Multiplikationsaufgaben zu erschließen. Situationen in der Klasse nachspielen. **2** Beide Aufgaben notieren und Punktebilder zeichnen, ggf. in Partnerarbeit an Hundertertafel zeigen. **3** Verdoppeln und Halbieren üben. **4** Zahlenrätsel zum Verdoppeln und Halbieren lösen.

→ Arbeitsheft, Seite 48

Quadratzahlen

1

2 Rechne die Aufgaben.

a) 3 · 3 =
5 · 5 =
2 · 2 =
8 · 8 =

b) ☐ · 4 = 16
☐ · 9 = 81
☐ · 10 = 100
☐ · 8 = 64

c) 7 · ☐ = 49
1 · ☐ = 1
0 · ☐ = 0
9 · ☐ = 81

0 · 0
1 · 1
2 · 2
3 · 3
4 · 4
5 · 5
6 · 6
7 · 7
8 · 8
9 · 9
10 · 10

3 Rechne die Aufgaben.

a) 1 : 1 =
64 : 8 =
100 : 10 =
49 : 7 =

b) ☐ : 5 = 5
☐ : 2 = 2
☐ : 6 = 6
☐ : 3 = 3

c) 4 : ☐ = 2
16 : ☐ = 4
25 : ☐ = 5
9 : ☐ = 3

4 Rechne zuerst die Quadratzahlen aus, dann die anderen Aufgaben.

Einmal 3 dazu.

a) 3 · 3
4 · 3

b) 6 · 6
7 · 6

Einmal 3 weg.

g) 3 · 3
2 · 3

h) 7 · 7
6 · 7

c) 5 · 5
6 · 5

d) 8 · 8
9 · 8

i) 6 · 6
5 · 6

j) 9 · 9
8 · 9

e) 4 · 4
5 · 4

f) 7 · 7
8 · 7

k) 4 · 4
3 · 4

f) 8 · 8
7 · 8

1 Mit Geoplättchen Quadrate legen. Alle Quadratzahlaufgaben erarbeiten, ins Heft schreiben und lösen.   2, 3 Durch die Quadratzahlen die Multiplikations- und Divisionsaufgaben lösen.   4 Benachbarte Multiplikationsaufgaben über die Quadrataufgaben („zuerst ..., dann ... dazu/weg") lösen.   1–4 Aufgaben ggf. am Hunderterfeld zeigen.

→ Arbeitsheft, Seite 49

Kernaufgaben zuerst

1

"Die Ergebnisse der Kernaufgaben sind gelb markiert."

"Die Tauschaufgaben dazu kenne ich schon."

·	0	1	2	3	4	5	6	7	8	9	10
0	0	0				0					0
1	0	1	2	3	4	5	6	7	8	9	10
2	0	2	4	6	8	10	12	14	16	18	20
3		3	6			15					30
4		4	8			20					40
5	0	5	10	15	20	25	30	35	40	45	50
6		6	12			30					60
7		7	14			35					70
8		8	16			40					80
9		9	18			45					90
10	0	10	20	30	40	50	60	70	80	90	100

2 Zeigt die Ergebnisse der Kernaufgaben oben an der 1 · 1 Tafel.

a) 1 · 2   b) 1 · 4   c) 1 · 7   d) 1 · 6   e) 1 · 9
   2 · 2   2 · 4   2 · 7   2 · 6   2 · 9
   5 · 2   5 · 4   5 · 7   5 · 6   5 · 9
   10 · 2   10 · 4   10 · 7   10 · 6   10 · 9

3 Von der Kernaufgabe zur Nachbaraufgabe.

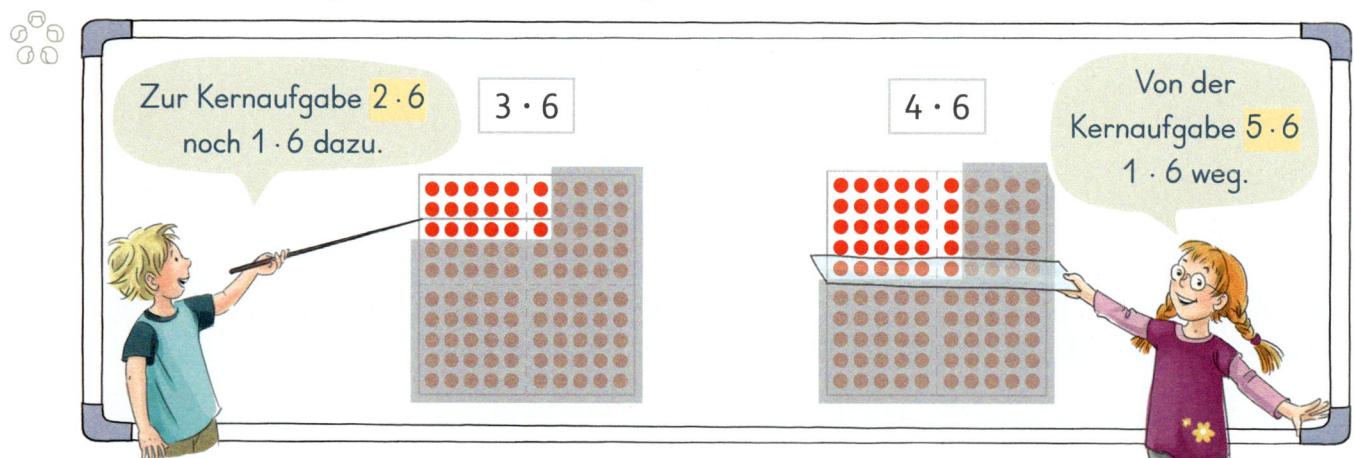

"Zur Kernaufgabe 2 · 6 noch 1 · 6 dazu." 3 · 6

4 · 6 "Von der Kernaufgabe 5 · 6 1 · 6 weg."

4 Zeigt am Hunderterfeld und rechnet.

a) 2 · 9   2 · 8   2 · 4   b) 5 · 7   5 · 9   5 · 8
   3 · 9   3 · 8   3 · 4   4 · 7   4 · 9   4 · 8

   5 · 3   5 · 6   5 · 8   10 · 7   10 · 3   10 · 4
   6 · 3   6 · 6   6 · 8   9 · 7   9 · 3   9 · 4

1 Das Lesen von Tabellen wiederholen. Zum Üben alle bisher bekannten Kernaufgaben und ihre Tauschaufgaben in eine 1 · 1 Tafel eintragen (KV nutzen). Kernaufgaben auswendig lernen, da über sie die weiteren Einmaleinsaufgaben erschlossen werden.   2 Kernaufgaben lösen und an der 1 · 1 Tafel zeigen.   3, 4 Benachbarte Aufgaben über die Kernaufgaben lösen.

→ Arbeitsheft, Seite 50

Malpyramiden und Aufgabenfamilien

1 a) 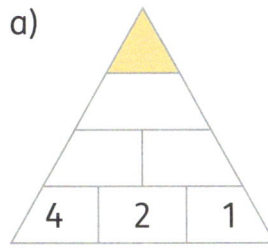 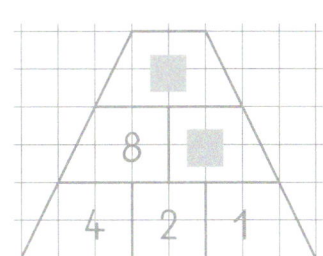 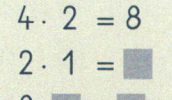 b)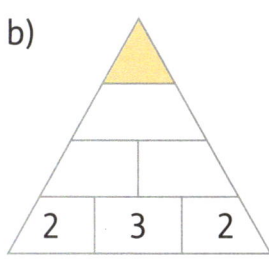

c) 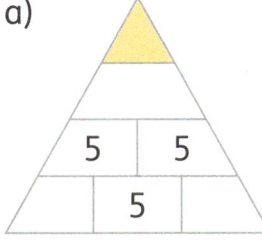 d) 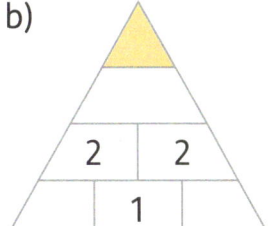  e)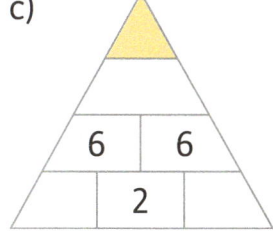

2 a) 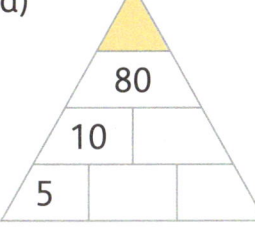 b) 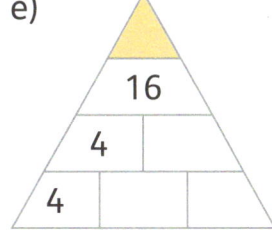  c)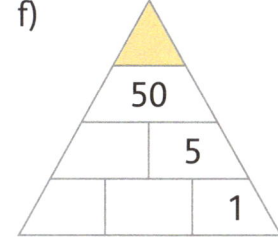

d) 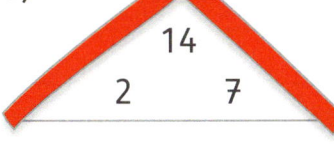  e) 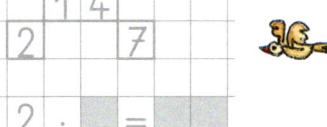 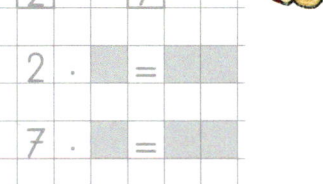 f)

3 Schreibe Aufgabenfamilien.

a)   d)

b) e)

c) f)

1 Einführung der Malpyramiden als multiplikative Zahlenmauern: Die Zahlen von zwei nebeneinander liegenden Steinen miteinander multiplizieren und das Ergebnis in den darüber liegenden Steinen eintragen (KV nutzen). 2 Fehlende Zahlen mithilfe der Multiplikation und Division ergänzen. 3 Alle Aufgaben einer Familie finden und lösen.

→ Arbeitsheft, Seite 51

Klecksaufgaben und Zahlenrätsel

1
a) 7 + ■ = 7
7 − ■ = 0
7 · ■ = 7
7 · ■ = 0
7 : ■ = 7

b) ■ + 8 = 8
■ − 8 = 0
■ · 8 = 8
■ · 8 = 0
■ : 1 = 8

c) 9 + ■ = 9
■ − 9 = 0
9 · ■ = 9
■ · 9 = 0
9 : ■ = 9

2
a) 10 · ■ = 20
10 · ■ = 60
10 · ■ = 40
10 · ■ = 90

b) 30 : ■ = 3
20 : ■ = 2
50 : ■ = 5
40 : ■ = 4

c) ■ · 5 = 50
■ · 6 = 30
■ · 10 = 70
■ · 8 = 80

d) ■ : 5 = 2
■ : 5 = 5
■ : 10 = 10
■ : 7 = 7

e) 2 · ■ = 10
4 · ■ = 20
10 · ■ = 50
5 · ■ = 25

f) 70 : ■ = 7
60 : ■ = 6
90 : ■ = 9
80 : ■ = 8

g) ■ · 4 = 8
■ · 2 = 16
■ · 8 = 0
■ · 7 = 14

h) ■ : 2 = 4
■ : 6 = 6
■ : 8 = 8
■ : 10 = 7

3 Löse die Zahlenrätsel.

a) Die gesuchten Zahlen gehören zum Einmaleins mit 2 und mit 10.

b) Die gesuchten Zahlen gehören zum Einmaleins mit 2 und mit 5.

c) Die gesuchte Zahl liegt zwischen 50 und 70 und gehört zum Einmaleins mit 10.

d) Die gesuchte Zahl liegt zwischen 30 und 40 und gehört zum Einmaleins mit 5.

e) Diese 2 Zahlen liegen zwischen 35 und 50 und gehören zum Einmaleins mit 5.

f) Diese 2 Zahlen liegen zwischen 20 und 50 und gehören zum Einmaleins mit 10.

4
a) Die gesuchte Zahl ist das Doppelte von 8 · 5.

b) Die gesuchte Zahl ist die Hälfte von 8 · 8.

c) Die gesuchte Zahl ist die Hälfte der Quadratzahl von 6.

d) Die gesuchte Zahl ist eine ungerade Quadratzahl. Sie ist durch 7 teilbar.

Findest du eigene Zahlenrätsel?

Textaufgaben hinterfragen

1 Lest genau, bevor ihr rechnet.

Auf einer Torte brennen 10 Kerzen. Die Hälfte davon wird ausgeblasen. Wie viele Kerzen brennen noch?

Achtung, bei einer Aufgabe ergibt Rechnen keinen Sinn.

Ein Frühstücksei muss 5 Minuten kochen. Wie lange müssen 3 Frühstückseier kochen?

2 Ihr könnt immer nur eine Frage beantworten. Begründet und löst.

a) Leon verpackt 30 Eier in Eierkartons. In jeden Karton passen 10 Eier. Wie viele Kartons benötigt Leon?

Frieda kann doppelt so weit werfen wie Jule. Wie viele Meter kann Frieda werfen?

b) Herr Schmidt kauft für seine 3 Kinder jeweils 3 Kugeln Eis. Wie viele Kugeln Eis hat Herr Schmidt gekauft?

Die Geschwister Lukas, Julian und Finn sind zusammen 30 Jahre alt. Wie alt ist Finn?

c) Die Kinder von Frau Müller sind 7 Jahre, 12 Jahre und 14 Jahre alt. Wie alt ist Frau Müller?

Bauer Heinrich hat 45 Kühe. Immer 5 Kühe stehen zusammen in einer Box. Wie viele Boxen benötigt Bauer Heinrich?

3 a) Zu Jans Kindergeburtstag kommen 4 Kinder. Jans Mutter hat 13 Äpfel. Was kann sie tun, damit jedes Kind gleich viele bekommt?

Clara hat sich 3 Kugeln Eis gekauft. Nach dem Bezahlen gab ihr der Verkäufer 1 € Rückgeld. Wie teuer war das Eis?

b) Lena bezahlt das neue Buch mit einem 10-Euro-Schein und bekommt 3 Münzen zurück. Wie teuer war das Buch?

Tom hat 17 Euro gespart. Er hat einen Geldschein und 5 Münzen. Welche sind es?

c) Erfindet selbst lösbare und nicht lösbare Aufgaben. Schreibt sie auf Karteikarten.

1, 2 Sachaufgaben hinterfragen. Begründen, warum einige Aufgaben beantwortet werden können, andere Aufgaben aber nicht. 3 Komplexere Divisionsaufgaben lösen (teilweise sind unterschiedliche Lösungen möglich). Eigene Sachaufgaben schreiben und in einer Sachrechenkartei sammeln.

→ Arbeitsheft, Seite 53

Mit dem Spiegel experimentieren

○ 1

○ 2 Experimentiere mit dem Spiegel.

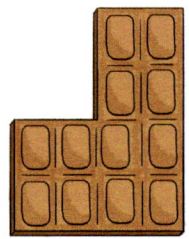   

○ 3 Zeige mit dem Spiegel 1, 2, …, 10 Bärchen.

a)    b)

○ 4 Finde das Spiegelbild. Überprüfe mit dem Spiegel.

a)

A   B   C

c)

A   B   C

b)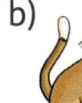

A   B   C

d)

A   B   C

Symmetrische Figuren legen

○ 1

○ 2 Lege die Figuren und ergänze jeweils das Spiegelbild. Kontrolliere mit dem Spiegel.

a) 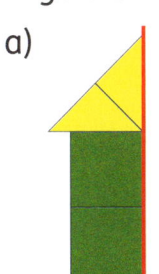 b)  c)  d)

◐ 3 a) 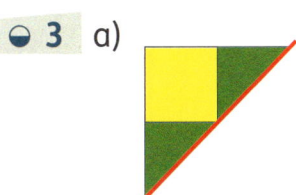 b)  c) 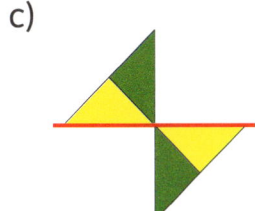 d)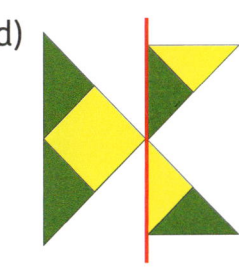

◐ 4 Lege spiegelbildliche Figuren.

	□	△	△
a)	2	2	2
b)	2	4	8
c)	4	2	4
d)	4	4	8

Ich habe a) gelegt. Es geht aber auch anders.

	□	△	△
e)	1	0	2
f)	1	2	2
g)	1	3	4

Bei e) liegt die Spiegelachse auf ▢.

1–3 Symmetrische Figuren legen. Plättchenbeilage verwenden. Figuren evtl. auch aufzeichnen. 4, 5 Symmetrische Figuren mit vorgegebener Anzahl von Plättchen legen. Einzelne Plättchen können dabei auch auf der Spiegelachse liegen.

Symmetrische Figuren falten

○ 1  die Faltkante · die Spiegelachse

 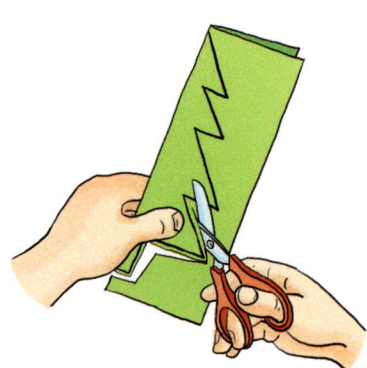 

○ 2 Falte, zeichne und schneide aus. Welche Figuren entstehen?

a) 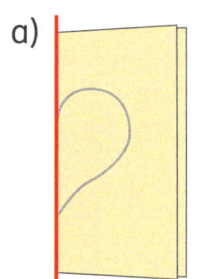 b) 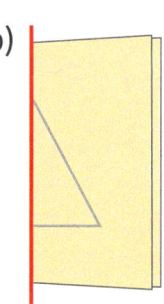 c) 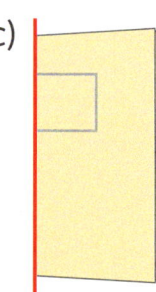 d) 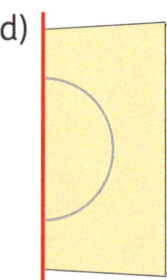 e) 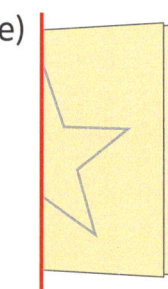 f)

○ 3 Falte, zeichne und schneide so, dass diese Figuren entstehen.

a) 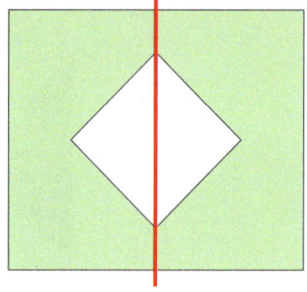 b) 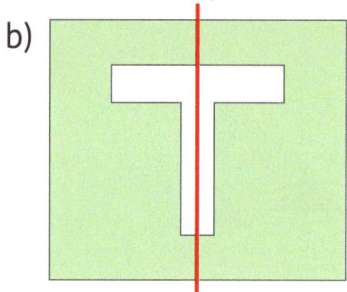 c)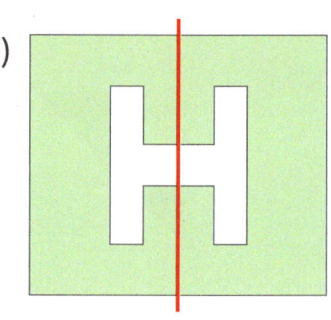

◐ 4 Falte ein quadratisches Papier zweimal und stelle Sterne her.

a)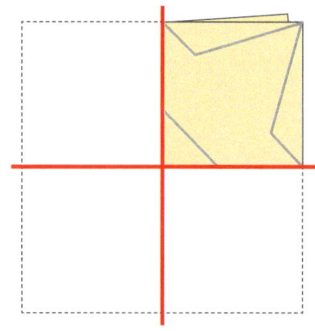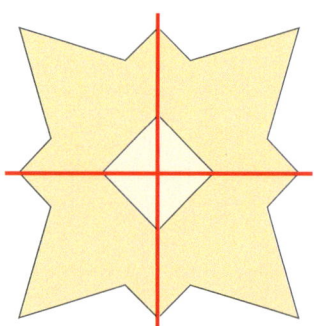

Hier sind es 2 Spiegelachsen.

b) 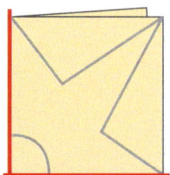 c) 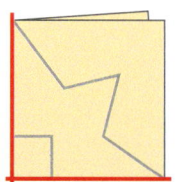 d) 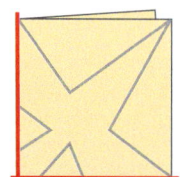 e)

1–4 Symmetrische Faltfiguren herstellen. 2 Ein Blatt falten, Halbfigur von der Faltkante aus aufzeichnen, ausschneiden und wieder auffalten. Vermutungen über die Zielfigur vor dem Auffalten anstellen und verbalisieren (Kopfgeometrie).

Symmetrische Figuren falten

1

Ich habe einen Hut nach Anleitung gefaltet.

Ich habe meinen Hut symmetrisch angemalt.

a) Die obere Ecke zur unteren Ecke falten.

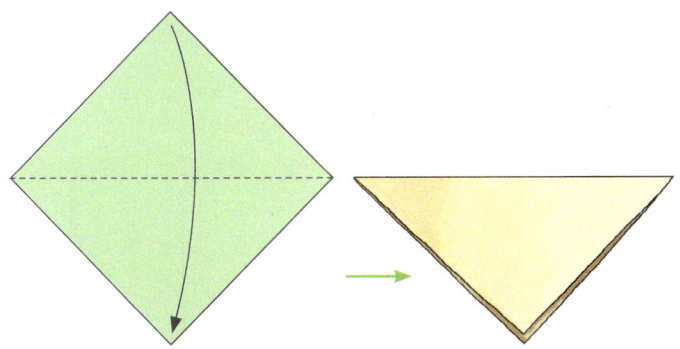

b) Die linke und die rechte Ecke zur unteren Ecke falten.

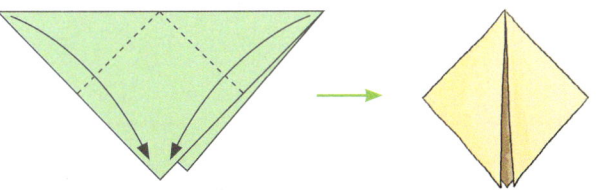

c) Zwei Ecken nach oben falten.

d) Beide Spitzen schräg zur Seite falten.

e) Eine Ecke nach oben falten.

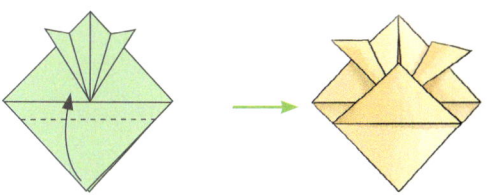

f) Die Kante ebenfalls hochfalten.

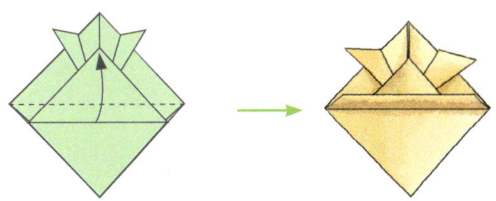

g) Das große Dreieck hochfalten, auffalten und in den Hut hineinstecken.

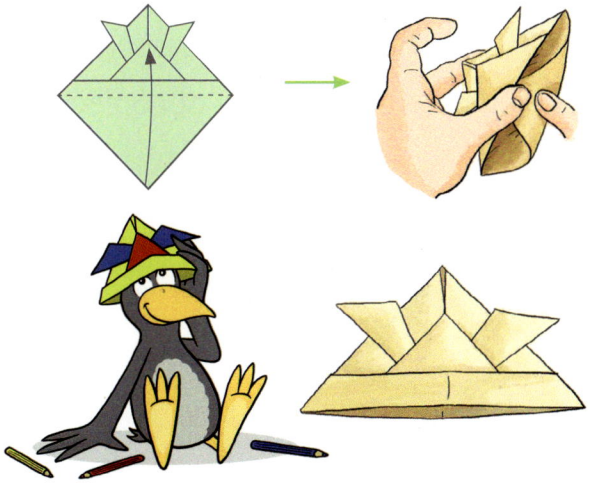

1 Nach Faltanleitung einen Hut falten und farbig gestalten. Beim Anmalen kann das Wissen über symmetrische Muster angewendet werden.

Geobrett: Figuren spiegeln

○ 1

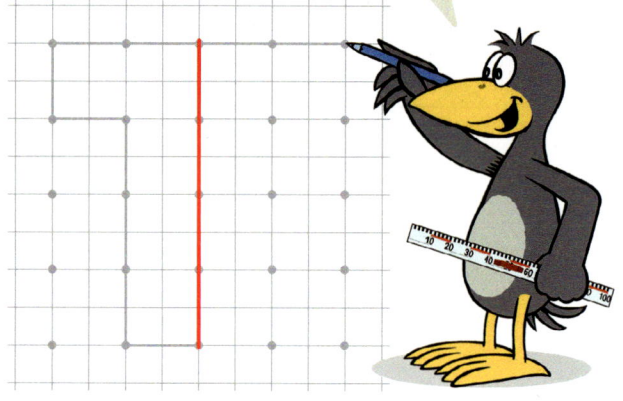

○ 2 Spanne Bild und Spiegelbild. Zeichne. Überprüfe mit dem Spiegel.

a)  b) 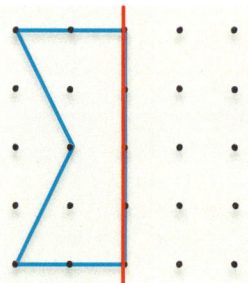 c) 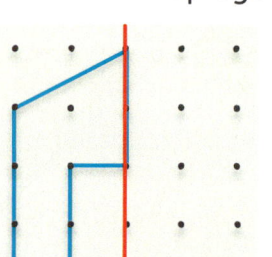 d)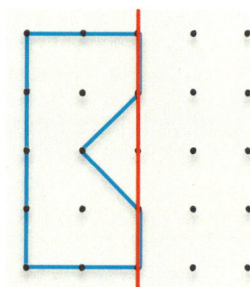

e) 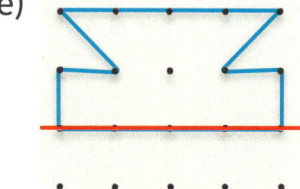 f) 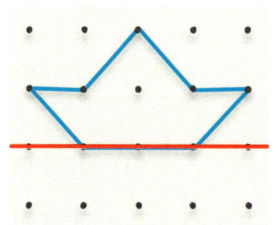 g) 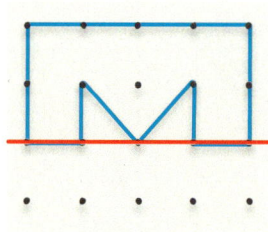 h)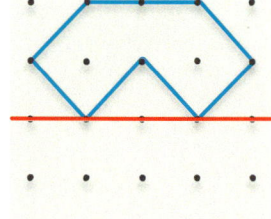

● 3 Spanne und zeichne. Überprüfe mit dem Spiegel.
Achte auf die Lage der Spiegelachse.

a) 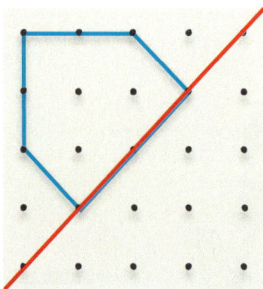 b) 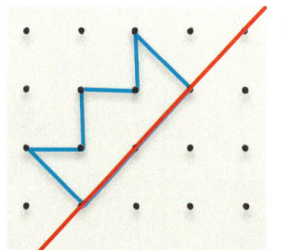 c) 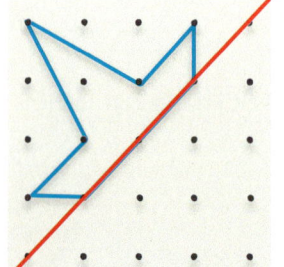 d) Finde eigene Figuren.

1–3 Vorgegebene Figuren spannen und spiegelbildlich ergänzen. Anschließend die Figuren mit ihrem Spiegelbild zeichnen (im Heft oder auf KV) und mit dem Spiegel überprüfen.   3 d) Eigene Figuren spannen, spiegeln, zeichnen und mit dem Spiegel überprüfen.

→ Arbeitsheft, Seite 55

Geobrett: Figuren verändern

1

2 Spannt und verändert. Beschreibt jede Veränderung.

a)

b)

3 Spannt und verändert in mehreren Schritten. Beschreibt jede Veränderung.

a)

b)

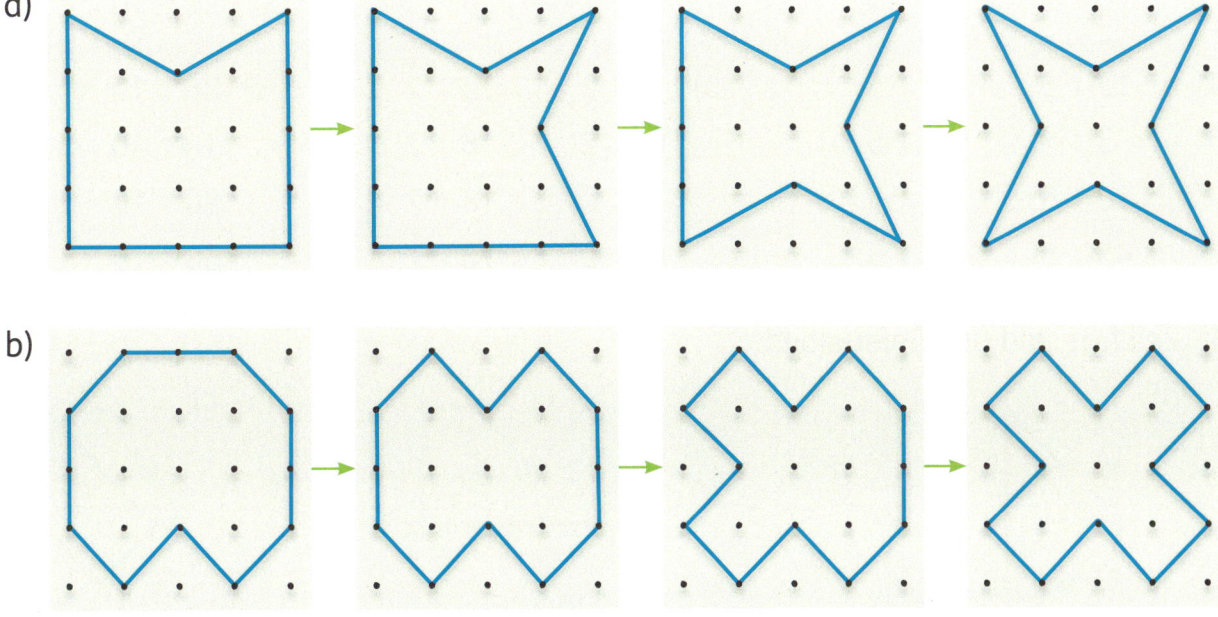

1, 2 Figuren auf dem Geobrett nachspannen und zur vorgegebenen neuen Figur verändern. Veränderungen der Figuren beschreiben. 3 Figuren spannen und schrittweise verändern. Veränderungen der einzelnen Figuren zueinander sowie Anfangs- und Endfigur beschreiben.

Wiederholung

1 a)  b) 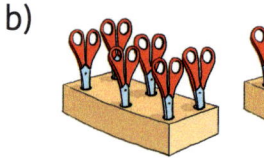 c)

a) ▢ + ▢ + ▢ = ▢   ▢ · ▢ = ▢

b) ▢ + ▢ = ▢   ▢ · ▢ = ▢

c) ▢ + ▢ + ▢ + ▢ = ▢   ▢ · ▢ = ▢

2 a) Immer ▢ Stifte in ein Päckchen. b) Immer ▢ Scheren in einen Block. c) Immer ▢ Pinsel in einen Becher.

10 : ▢ = ▢   18 : ▢ = ▢   12 : ▢ = ▢

Es werden ▢ Päckchen gebraucht.   Es werden ▢ Blöcke gebraucht.   Es werden ▢ Becher gebraucht.

3 a) 1 · 5   3 · 5   b) 1 · 2   3 · 2   c) 1 · 10   3 · 10
       2 · 5   7 · 5   2 · 2   7 · 2   2 · 10   7 · 10
       5 · 5   4 · 5   5 · 2   4 · 2   5 · 10   4 · 10
      10 · 5   9 · 5   10 · 2   9 · 2   10 · 10   9 · 10
       0 · 5   6 · 5   0 · 2   6 · 2   0 · 10   6 · 10

4 a) 15 : 5   50 : 5   b) 6 : 2   12 : 2   c) 20 : 10   90 : 10
        5 : 5   25 : 5   14 : 2   8 : 2   10 : 10 100 : 10
       10 : 5   20 : 5   4 : 2   18 : 2   80 : 10   70 : 10
       45 : 5   35 : 5   16 : 2   10 : 2   60 : 10   30 : 10

5 Zeichne Bild und Spiegelbild.

a) 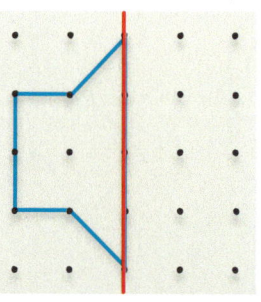   b) 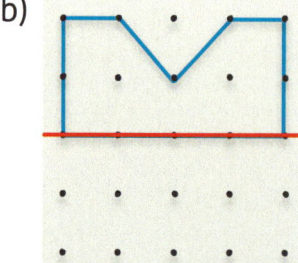   c)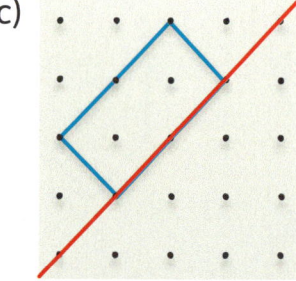

80

1 Passende Additionsaufgaben finden und daraus die Multiplikationsaufgabe ableiten.   2 Den Bildern entnehmen, wie aufgeteilt werden soll. Divisionsaufgaben notieren und lösen. Entsprechenden Antwortsatz formulieren.   3, 4 Multiplikations- und Divisionsaufgaben lösen.   5 Die Figuren mit ihrem Spiegelbild zeichnen, ggf. mit dem Spiegel überprüfen.

→ Arbeitsheft, Seite 56

6 Schreibe Aufgabenfamilien.

a) 16 / 2, 8
b) 24 / 4, 6
c) 21 / 3, 7
d) ☐ / 3, 10
e) 15 / 3, ☐
f) 8 / ☐, 2

7
a) 6 · 5
40 : 5
8 · 5
30 : 5
5 · 5

b) 8 · 2
20 : 2
9 · 2
2 : 2
7 · 2

c) 1 · 10
50 : 10
8 · 10
40 : 10
3 · 10

d) 8 · 8
25 : 5
9 · 9
49 : 7
10 · 10

8 Finde das Spiegelbild. Überprüfe mit dem Spiegel.

a) A   B   C

b) A   B   C

9
a) Die gesuchte Zahl liegt zwischen 25 und 35 und gehört zum Einmaleins mit 5.

b) Diese 2 Zahlen liegen zwischen 15 und 20 und gehören nicht zum Einmaleins mit 2.

c) Die gesuchte Zahl ist das Doppelte von 3 · 6.

d) Die gesuchte Zahl ist die Hälfte von 8 · 4.

10
a) 2 · ■ = 10
36 : ■ = 6
■ · 5 = 35
3 ■ 10 = 30
■ : 6 = 2

b) ■ : 9 = 5
10 · ■ = 20
3 · 1 = ■
49 : ■ = 7
5 · 9 = ■

c) 5■ : 10 = ■
1■ ■ 2 = 9
40 ■ 5 = 8
2 ■ ■ = 6
■6 ■ 4 = 4

d) 10 ■ 9 = 90
■ ■ 7 = 5
■ · 8 = 64
2 · ■ = 8
8 ■ ■ = 0

6 Alle Aufgaben einer Familie finden.   7 Multiplikations- und Divisionsaufgaben lösen.   8 Das korrekte Spiegelbild finden.
9 Zahlenrätsel lösen: Ergebniszahlen der Einmaleinsreihen über die Multiplikation finden bzw. Strategien des Verdoppelns und Halbierens nutzen.   10 Fehlende Zahlen und Rechenzeichen mithilfe der Multiplikation und Division ergänzen.

→ Arbeitsheft, Seite 56

Rückblick

1 a) Zeichne die Muster ab.   b) Zeichne ab und setze fort.

2 Welche Gebäude gehören zu diesen Bauplänen?

a) 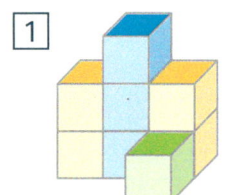   b) 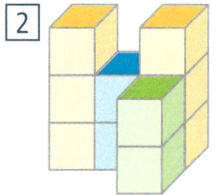   c)    d)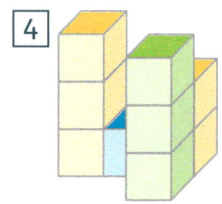

3
a)	b)	c)	d)
31 + 31	51 + 44	66 − 33	68 − 44
24 + 34	33 + 52	94 − 63	94 − 82
13 + 41	18 + 71	87 − 46	57 − 41
21 + 47	31 + 62	79 − 44	99 − 77
53 + 11	24 + 72	85 − 34	89 − 66
54 58 62	83 85 89	31 33 35	12 14 16
64 68 69	93 95 96	41 43 51	22 23 24

4 Wie spät ist es? Schreibe jeweils beide Uhrzeiten auf.

a)    b)    c)    d)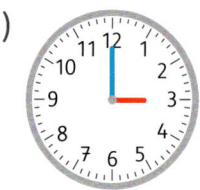

5 Wie viele Meter und Zentimeter sind es zusammen?

a)	b)	c)
2 m + 50 cm	79 cm + 9 m	7 m 16 cm + 9 cm
6 m + 7 cm	41 cm + 1 m	4 m 59 cm + 20 cm
7 m + 82 cm	85 cm + 2 m	5 m 40 cm + 37 cm
3 m + 49 cm	38 cm + 8 m	2 m 37 cm + 51 cm
5 m + 2 cm	40 cm + 3 m	6 m 52 cm + 16 cm

1 Freihand oder mit dem Lineal vorgegebene Muster ins Heft übertragen und färben. Gesetzmäßigkeiten erkennen. Muster regelmäßig fortsetzen. 2 Den Bauplänen jeweils das passende Gebäude zuordnen. 3 Additions- und Subtraktionsaufgaben lösen. 4 Uhrzeiten ablesen und beide Zeiten notieren. 5 Längen addieren.

Knobeln mit Formen

1 Zerlege Formen mit einem oder zwei geraden Schnitten.

2 Zerlege die Formen mit einem geraden Schnitt in die angegebenen Formen. Klebe deine Ergebnisse auf.

a)
Quadrat

b)
Rechteck

c)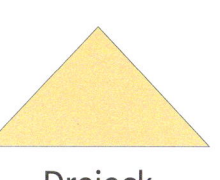
Dreieck

Quadrat	Rechteck	Dreieck
2 gleich große Dreiecke	2 gleich große Dreiecke	2 gleich große Dreiecke
2 verschieden große Rechtecke	2 verschieden große Rechtecke	2 verschieden große Dreiecke
2 gleich große Rechtecke	2 gleich große Rechtecke	ein Dreieck und ein Viereck

3 Kann das stimmen? Überprüfe durch Schneiden. Eine Aussage ist falsch.

a) Aus meinem Quadrat habe ich mit 2 Schnitten 3 Dreiecke gemacht.

b) Mit 2 Schnitten habe ich 3 Rechtecke aus meinem Quadrat hergestellt.

c) Mein Quadrat habe ich mit einem Schnitt in 2 Quadrate zerschnitten.

d) Aus einem Rechteck mache ich mit einem Schnitt 2 gleich große Dreiecke.

e) Mit 2 Schnitten zerlege ich mein Dreieck in ein großes und 2 kleine Dreiecke.

f) Ich habe ein Rechteck mit 2 Schnitten in 2 Dreiecke und ein Quadrat zerlegt.

1, 2 Formen durch gerade Schnitte zerlegen (evtl. Faden als Hilfe auf die Figur legen). Vorgehensweise und entstandene Formen präzise beschreiben. Es gibt teilweise mehrere Zerlegungsmöglichkeiten. **3** Aussagen zunächst auf der Vorstellungsebene, anschließend durch Handlung überprüfen. Ergebnisse ins Heft kleben (KV).

→ Arbeitsheft, Seite 57

Kernaufgaben zusammensetzen

1 Von den Kernaufgaben zu den anderen Aufgaben.

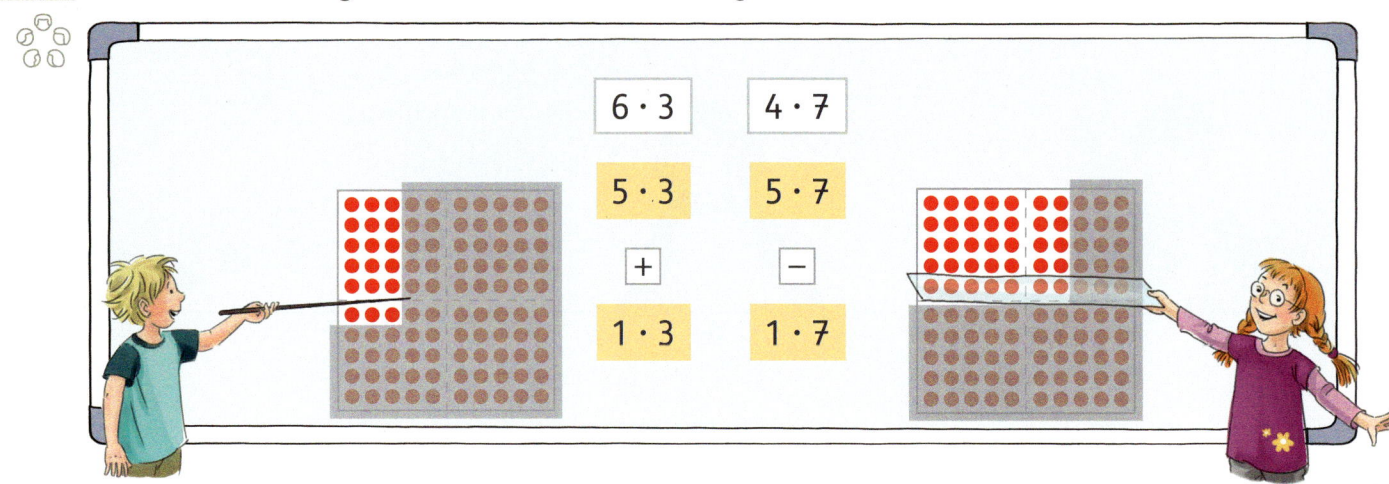

2 Wie rechnet ihr? Erklärt abwechselnd.

a) 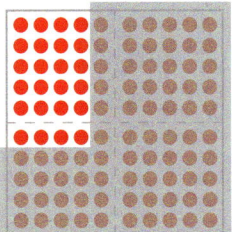 b) 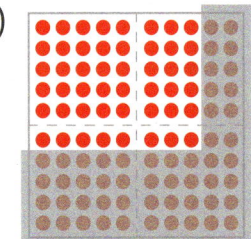 c) 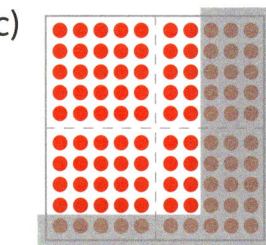 d)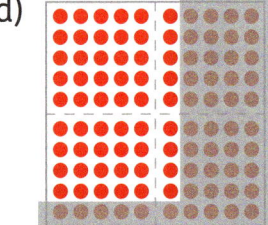

3 Nutze das Hunderterfeld und rechne mit Kernaufgaben.

a)
6·5
5·5
1·5

6·5 =
5·5 = 25
1·5 = 5

6·4
5·4
1·4

b)
4·7
5·7
1·7

4·7 =
5·7 = 35
1·7 = 7

4·5
5·5
1·5

6·7	3·9	7·3	7·9	9·8	4·6	3·6	8·7
5·7	2·9	5·3	5·9	10·8	5·6	5·6	10·7
1·7	1·9	2·3	2·9	1·8	1·6	2·6	2·7

4 Nutze die Kernaufgaben.

a)
6·8
6·4
7·2
3·6

b)
3·8
7·4
6·9
8·6

c)
9·7
8·3
4·7
▢·▢

1, 2 Multiplikationsaufgaben am Hunderterfeld ablesen. Überlegen und begründen, wie die Addition und Subtraktion von Kernaufgaben beim Lösen schwierigerer Aufgaben helfen kann.   3, 4 Durch Addition und Subtraktion von Kernaufgaben weitere Aufgaben im Heft lösen.

→ Arbeitsheft, Seite 58

Einmaleins mit 4

1 Wie viele Hunde sind es? Wie viele Pfoten sind es? Wie viele …?

☐ · 4 = ☐

0 · 4
1 · 4
2 · 4
3 · 4
4 · 4
5 · 4
6 · 4
7 · 4
8 · 4
9 · 4
10 · 4

Die markierten Aufgaben kenne ich schon!

2 Wie viele Beine sind es jeweils? Nutze das Hunderterfeld und rechne.

a) 3 Katzen   b) 10 Kühe   c) 7 Mäuse   d) 5 Schildkröten
e) 2 Hunde   f) 4 Füchse   g) 8 Nashörner   h) 4 Regenwürmer

3 a) Nutze die Kernaufgaben.

6 · 4
3 · 4
7 · 4
9 · 4
8 · 4

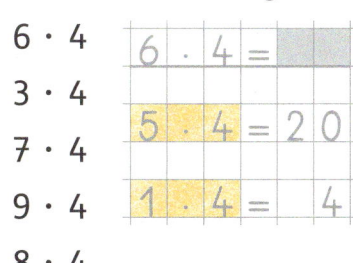

b) Nutze die Tauschaufgaben.

4 · 2
4 · 3
4 · 6
4 · 7
4 · 9

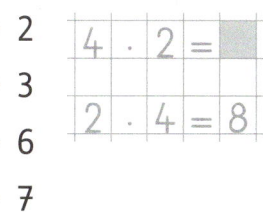

4 a) 4 : 4   16 : 4
8 : 4   24 : 4
20 : 4   32 : 4
40 : 4   28 : 4

b) 12 : ☐ = 3   8 : ☐ = 4
24 : ☐ = 6   20 : ☐ = 4
28 : ☐ = 7   4 : ☐ = 4
36 : ☐ = 9   40 : ☐ = 4

5 a) 3 Pferde bekommen an allen Hufen neue Eisen. Wie viele Hufeisen muss der Schmied anfertigen?

b) 4 Pferde bekommen an allen Hufen neue Eisen. Bei 5 anderen Pferden werden nur die Vorderhufe beschlagen.

Einmaleins mit 8

1 Wie viele Spinnen sind es? Wie viele Beine sind es? Wie viele …?

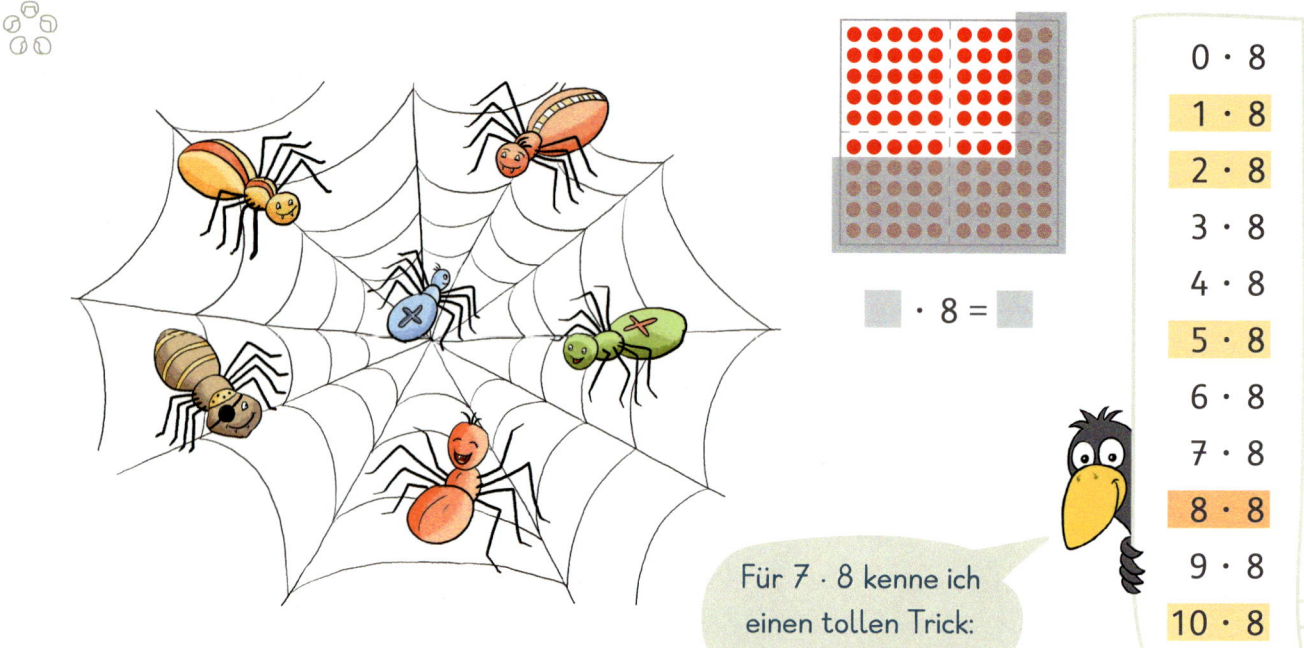

☐ · 8 = ☐

Für 7 · 8 kenne ich einen tollen Trick: 56 = 7 · 8.

0 · 8
1 · 8
2 · 8
3 · 8
4 · 8
5 · 8
6 · 8
7 · 8
8 · 8
9 · 8
10 · 8

2 Wie viele sind es jeweils? Nutze das Hunderterfeld und rechne.

a) viermal 8 Flaschen
b) fünfmal 8 Kisten
c) dreimal 8 Tische
d) siebenmal 8 Stühle
e) neunmal 8 Kissen
f) zweimal 8 Stifte
g) zehnmal 8 Kleber
h) sechsmal 8 Pinsel
i) achtmal 8 Blumentöpfe
j) einmal 8 Bücher

3 a) Nutze die Kernaufgaben.

3 · 8   6 · 8
4 · 8   9 · 8
7 · 8   8 · 8

b) Nutze die Tauschaufgaben.

8 · 2   8 · 4
8 · 3   8 · 9
8 · 6   8 · 7

4 a)
8 : 8   24 : 8
16 : 8   32 : 8
40 : 8   56 : 8
80 : 8   0 : 8

b)
24 : ☐ = 3   16 : ☐ = 8
56 : ☐ = 7   40 : ☐ = 8
48 : ☐ = 6   80 : ☐ = 8
72 : ☐ = 9   8 : ☐ = 8

5 a) Der Sportlehrer Herr Schulz verteilt 8 Bälle an 24 Kinder.

 b) Die Kinder bilden Achtergruppen. Keiner bleibt übrig. Dann bilden sie Fünfergruppen. Keiner bleibt übrig.

→ Arbeitsheft, Seite 60

Malpyramiden

1 a) 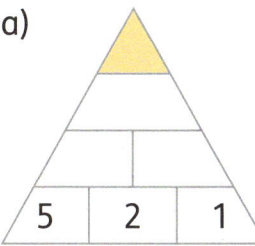 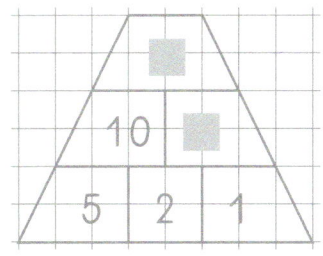  b)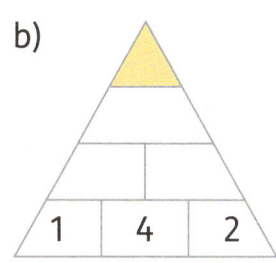

c) 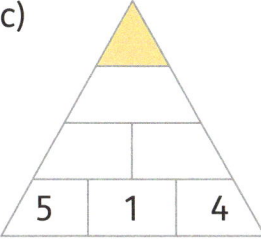 d) 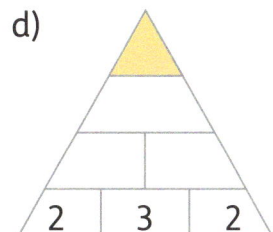 e)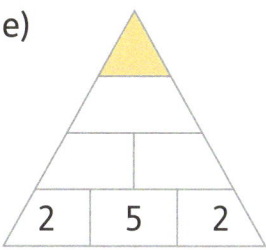

2 a) 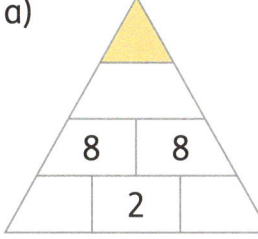 b) 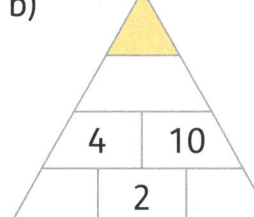 c)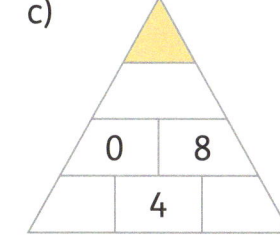

d) e) 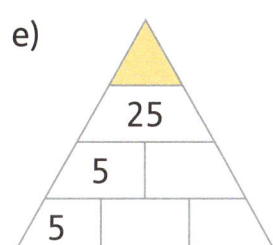 f)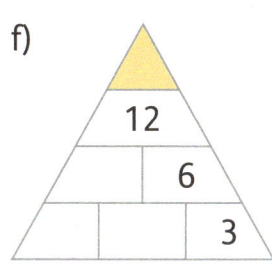

3 Löse durch Probieren.

a)  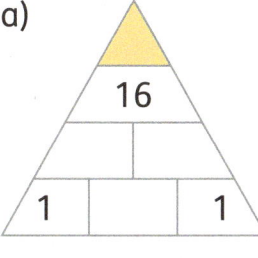 b) 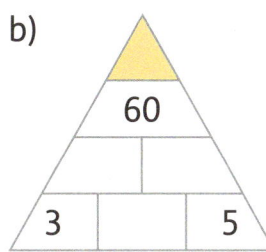 c)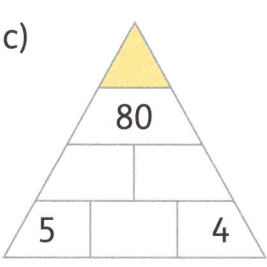

d)  e) 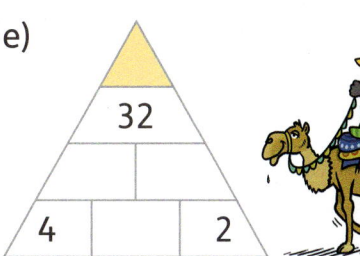 f)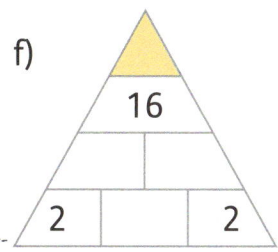

1, 2 Malpyramiden ins Heft übertragen (bzw. KV nutzen) und die fehlenden Zahlen mithilfe der Multiplikation bzw. Division ergänzen. **3** Malpyramiden durch Probieren lösen. Überlegen, welche Multiplikationsaufgaben die Zahl im obersten Stein als Ergebnis haben.

→ Arbeitsheft, Seite 61

Einmaleins mit 3

1 Wie viele Fahrzeuge sind es? Wie viele Räder sind es? Wie viele …?

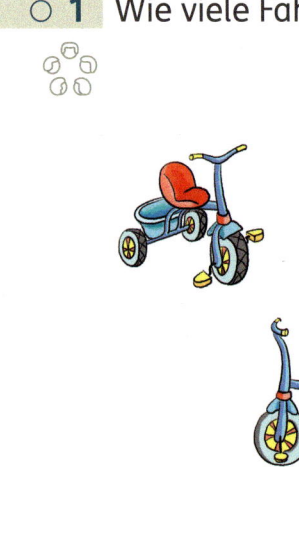

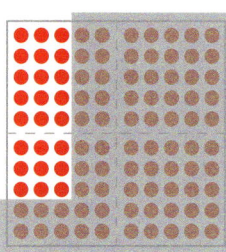

□ · 3 = □

0 · 3
1 · 3
2 · 3
3 · 3
4 · 3
5 · 3
6 · 3
7 · 3
8 · 3
9 · 3
10 · 3

2 Wie viele sind es jeweils? Nutze das Hunderterfeld und rechne.

a) viermal 3 Eiskugeln
b) zweimal 3 Vögel
c) fünfmal 3 Hunde
d) neunmal 3 Seifenblasen

e) achtmal 3 Kinder
f) siebenmal 3 Kekse
g) dreimal 3 Erdbeeren
h) sechsmal 3 Luftballons

3 a) Nutze die Kernaufgaben.

9 · 3   6 · 3
4 · 3   7 · 3
8 · 3   3 · 3

b) Nutze die Tauschaufgaben.

3 · 2   3 · 8
3 · 4   3 · 7
3 · 6   3 · 5

4 a)
3 : 3   9 : 3
6 : 3   18 : 3
15 : 3   12 : 3
30 : 3   21 : 3

b)
6 : □ = 2   15 : □ = 3
12 : □ = 4   9 : □ = 3
27 : □ = 9   30 : □ = 3
18 : □ = 6   3 : □ = 3

5 a) Auf Juris Geburtstagsfeier bekommt jedes Kind 3 Klebetattoos. Er hat 6 Gäste eingeladen.

b) Für Juris Feier pusten er und seine Eltern jeder 3 Ballons auf. Seine große Schwester schafft sogar 4.

Einmaleins mit 6

1 Wie viele Käfer sind es? Wie viele Beine sind es? Wie viele …?

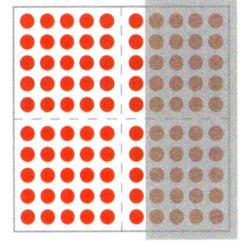

☐ · 6 = ☐

0 · 6
1 · 6
2 · 6
3 · 6
4 · 6
5 · 6
6 · 6
7 · 6
8 · 6
9 · 6
10 · 6

6-mal ist das Doppelte von 3-mal.

2 Wie viele Beine sind es jeweils? Nutze das Hunderterfeld und rechne.

a) 3 Käfer b) 8 Käfer c) 2 Käfer d) 7 Käfer e) 0 Käfer
f) 4 Käfer g) 6 Käfer h) 5 Käfer i) 9 Käfer j) 10 Käfer

3 a) Nutze die Kernaufgaben.

4 · 6	7 · 6
3 · 6	9 · 6
8 · 6	6 · 6

b) Nutze die Tauschaufgaben.

6 · 5	6 · 2
6 · 7	6 · 4
6 · 8	6 · 3

4 a)
6 : 6   18 : 6
12 : 6   36 : 6
30 : 6   24 : 6
60 : 6   0 : 6
42 : 6   48 : 6

b)
12 : ☐ = 2   6 : ☐ = 6
24 : ☐ = 4   36 : ☐ = 6
42 : ☐ = 7   30 : ☐ = 6
54 : ☐ = 9   60 : ☐ = 6
18 : ☐ = 3   48 : ☐ = 6

5 a) Diese Zahl ist eine Quadratzahl und durch 6 teilbar.

c) Diese Zahl liegt zwischen 40 und 50. Sie ist durch 6 und durch 3 teilbar, aber nicht durch 8.

b) Diese Zahl ist die Hälfte von 3 · 6.

Einmaleins mit 9

1 Wie viele Kisten sind es? Wie viele Flaschen sind es? Wie viele ...?

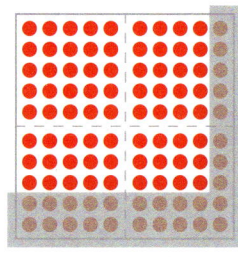

☐ · 9 = ☐

Ich vergleiche die Reihen mit 3, 6 und 9.

0 · 9
1 · 9
2 · 9
3 · 9
4 · 9
5 · 9
6 · 9
7 · 9
8 · 9
9 · 9
10 · 9

2 Wie viele Flaschen sind es jeweils? Nutze das Hunderterfeld und rechne.

a) 4 Kästen b) 1 Kasten c) 3 Kästen d) 0 Kästen e) 7 Kästen

f) 5 Kästen g) 2 Kästen h) 9 Kästen i) 8 Kästen j) 6 Kästen

3 a) Nutze die Kernaufgaben.

8 · 9   6 · 9
7 · 9   4 · 9
3 · 9   9 · 9

b) Nutze die Tauschaufgaben.

9 · 2   9 · 6
9 · 4   9 · 8
9 · 3   9 · 7

4 a) 9 : 9   18 : 9
18 : 9   36 : 9
45 : 9   27 : 9
90 : 9   54 : 9

b) 18 : ☐ = 2   9 : ☐ = 9
36 : ☐ = 4   90 : ☐ = 9
54 : ☐ = 6   45 : ☐ = 9
72 : ☐ = 8   81 : ☐ = 9

5 Was fällt dir auf?

a) 12 : 3
12 : 6

Die erste Zahl ...
Die zweite Zahl ...
Das Ergebnis ...

b) 30 : 3
30 : 6

c) 24 : 3
24 : 6

d) 9 : 3
9 : 9

e) 18 : 3
18 : 9

f) 27 : 3
27 : 9

1 Die Ergebnisse des Einmaleins mit 9 erarbeiten und einprägen. Kern- und Quadratzahlaufgaben hervorheben. **1, 2** Aufgaben am Hunderterfeld zeigen und lösen. **3** Aufgaben mithilfe der Kern- bzw. Tauschaufgaben lösen. **4** Divisionsaufgaben mithilfe des Einmaleins mit 9 lösen. **5** Aufgabenbeziehungen untersuchen.

→ Arbeitsheft, Seite 64

Einmaleins mit 7

1

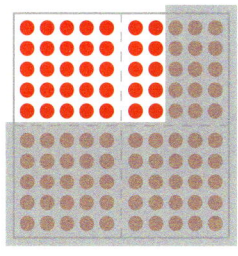

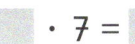 · 7 = □

0 · 7
1 · 7
2 · 7
3 · 7
4 · 7
5 · 7
6 · 7
7 · 7
8 · 7
9 · 7
10 · 7

Eine Woche hat 7 Tage.
2 Wochen haben □ Tage.
□ Wochen haben □ Tage.

2 a) Wie viele Tage sind es jeweils?

| 2 Wochen | 5 Wochen |
| 10 Wochen | 9 Wochen |

b) Wie viele Wochen sind es jeweils?

| 21 Tage | 42 Tage |
| 28 Tage | 56 Tage |

3 a) Nutze die Kernaufgaben.

9 · 7   4 · 7
3 · 7   8 · 7
6 · 7   7 · 7

b) Nutze die Tauschaufgaben.

7 · 6   7 · 2
7 · 8   7 · 4
7 · 5   7 · 3

4 a) 7 : 7   21 : 7
14 : 7   42 : 7
35 : 7   49 : 7
70 : 7   0 : 7

b) 14 : □ = 2   70 : □ = 7
21 : □ = 3   49 : □ = 7
49 : □ = 7   35 : □ = 7
56 : □ = 8   7 : □ = 7

5 Welches Rechenzeichen passt?

a) 56 ◆ 7 = 63   21 ◆ 7 = 3
   56 ◆ 7 = 8   21 ◆ 7 = 14

b) 7 ◆ 7 = 1   14 ◆ 2 = 7
   7 ◆ 7 = 0   14 ◆ 7 = 7

c) 35 ◆ 7 = 50 ◆ 8
   35 ◆ 7 = 4 ◆ 7

b) 63 ◆ 7 = 3 ◆ 3
   63 ◆ 7 = 7 ◆ 10

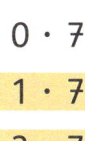

1 Die Ergebnisse des Einmaleins mit 7 erarbeiten und einprägen. Kern- und Quadratzahlaufgaben hervorheben. 1, 2 Aufgaben am Hunderterfeld zeigen und lösen. 3 Aufgaben mithilfe der Kern- bzw. Tauschaufgaben lösen. 4 Divisionsaufgaben mithilfe des Einmaleins mit 7 lösen. 5 Gleichungen lösen, indem passende Rechenzeichen eingesetzt werden.

→ Arbeitsheft, Seite 65

Die 1 · 1 Tafel

  1 Beschreibt die 1·1 Tafel.

·	0	1	2	3	4	5	6	7	8	9	10
0	0·0	0·1	0·2	0·3	0·4	0·5	0·6	0·7	0·8	0·9	0·10
1	1·0	1·1	1·2	1·3	1·4	1·5	1·6	1·7	1·8	1·9	1·10
2	2·0	2·1	2·2	2·3	2·4	2·5	2·6	2·7	2·8	2·9	2·10
3	3·0	3·1	3·2	3·3	3·4	3·5	3·6	3·7	3·8	3·9	3·10
4	4·0	4·1	4·2	4·3	4·4	4·5	4·6	4·7	4·8	4·9	4·10
5	5·0	5·1	5·2	5·3	5·4	5·5	5·6	5·7	5·8	5·9	5·10
6	6·0	6·1	6·2	6·3	6·4	6·5	6·6	6·7	6·8	6·9	6·10
7	7·0	7·1	7·2	7·3	7·4	7·5	7·6	7·7	7·8	7·9	7·10
8	8·0	8·1	8·2	8·3	8·4	8·5	8·6	8·7	8·8	8·9	8·10
9	9·0	9·1	9·2	9·3	9·4	9·5	9·6	9·7	9·8	9·9	9·10
10	10·0	10·1	10·2	10·3	10·4	10·5	10·6	10·7	10·8	10·9	10·10

Verwendet diese Wörter:

- die Zeile
- die Spalte
- Kernaufgaben
- Tauschaufgaben
- Aufgaben mit …
- Quadratzahlaufgaben

2 a) Welche Aufgaben stehen in den 4 Ecken?
b) Welche Aufgabe steht genau in der Mitte?
c) Rechne alle Aufgaben aus der 4. Spalte. Welches Einmaleins ist es?
d) Rechne alle Aufgaben aus der 6. Zeile.
e) Wo findest du die Quadratzahlen?

3 Findet die Nachbaraufgaben. Zeigt zuerst und rechnet dann.

3·5   7·2   5·8   2·9

6·6   9·1   4·3   8·4

4 Rechnet Aufgabe und Tauschaufgabe. Zeigt oben auf der 1·1 Tafel.

2·1 =
1·2 =

2·1   6·3   8·4   9·5   9·2
0·10   3·9   1·8   5·7

92

1 Orientierung an der 1·1 Tafel: Das Lesen von Zeilen und Spalten wiederholen. Anhand der Farben Anordnungsprinzipien und Zusammenhänge erkennen. 2 Aufgaben finden, nennen und rechnen. 3 Nachbaraufgaben finden und rechnen (KV nutzen). 4 Aufgaben und Tauschaufgaben rechnen und zeigen.

→ Arbeitsheft, Seite 66

Malaufgaben üben

1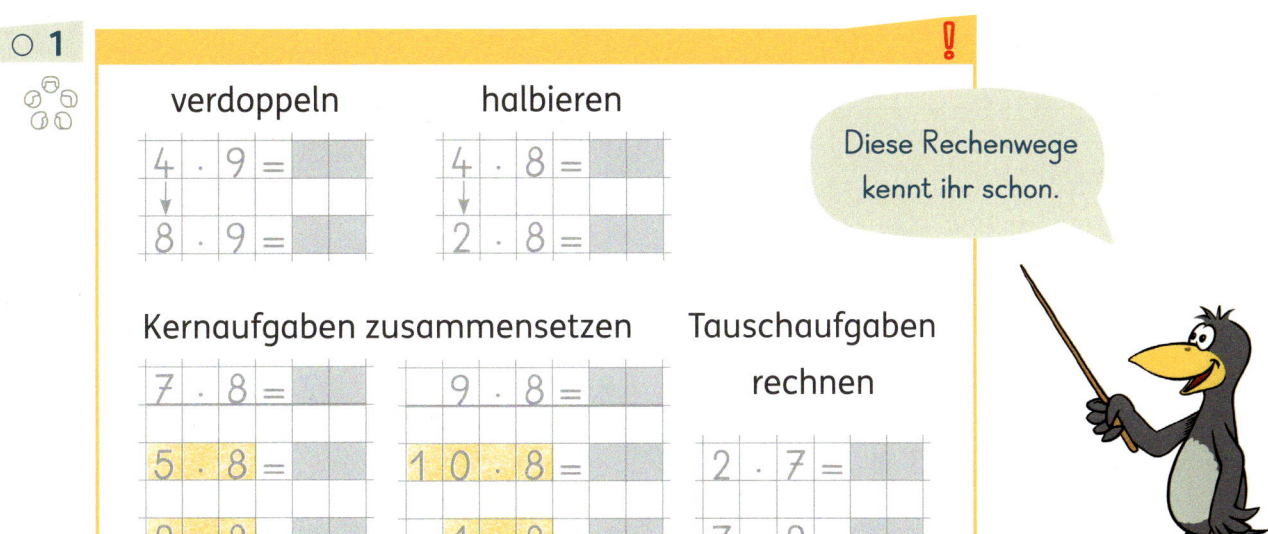

verdoppeln: 4·9= 8·9=
halbieren: 4·8= 2·8=
Kernaufgaben zusammensetzen: 7·8= 5·8= 2·8=   9·8= 10·8= 1·8=
Tauschaufgaben rechnen: 2·7= 7·2=

Diese Rechenwege kennt ihr schon.

2 a) Löse durch Verdoppeln oder Halbieren.

8·6   8·5   6·7
4·8   4·9   5·9

b) Rechne die Tauschaufgabe.

8·2   7·2   10·6
5·1   6·3   9·2

c) Setze aus Kernaufgaben zusammen.

7·4   7·9   9·6
7·3   6·7   9·4

d) Wie rechnest du hier?

8·7   9·8   6·2
6·8   3·9   6·9

3 Spielt das Einmaleins-Spiel.

Würfle mit zwei Würfeln. Bilde eine Malaufgabe und rechne. Lege ein Plättchen auf das Ergebnisfeld. Ist das Feld schon mit der anderen Farbe belegt, drehe das Plättchen um. Sind alle Felder belegt, endet das Spiel. Gewinner ist, wer am Ende mehr Felder abgedeckt hat.

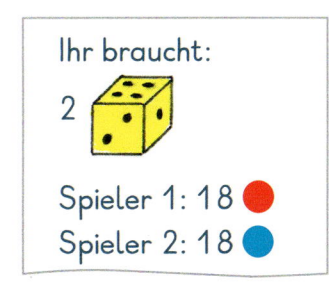

Ihr braucht: 2 Würfel
Spieler 1: 18 ●
Spieler 2: 18 ●

1 2 3 4 5 6 8 9 10
12 15 16 18 20 24 25 30 36

1 Im Rahmen einer Rechenkonferenz alle kennengelernten Rechenstrategien zum Lösen von Multiplikationsaufgaben wiederholen.   2 Die verschiedenen Rechenstrategien zum Lösen der Aufgaben nutzen. Die Nutzung der Kernaufgaben betonen.
3 Es werden pro Kind 18 rot-blaue Wendeplättchen benötigt (ggf. KV nutzen).

→ Arbeitsheft, Seite 67

Zahlenrätsel

1 Welche Zahl wird gesucht?

2 Löse die Zahlenrätsel.

a) Die Zahl gehört zum Einmaleins mit 7 und zum Einmaleins mit 5. Es ist nicht die Null.

b) Diese 2 Zahlen gehören zum Einmaleins mit 4 und zum Einmaleins mit 5. Es ist nicht die Null.

c) Die Zahl liegt zwischen 60 und 70 und gehört zum Einmaleins mit 8.

d) Die gesuchte Zahl liegt zwischen 30 und 40 und gehört zum Einmaleins mit 9.

e) Diese 2 Zahlen liegen zwischen 40 und 50 und gehören zum Einmaleins mit 6.

f) Diese 2 Zahlen liegen zwischen 40 und 50 und gehören zum Einmaleins mit 7.

3 Auf einem Bauernhof gibt es Hühner und Kaninchen.

a) Sie haben zusammen 5 Köpfe und 16 Beine. Wie viele Hühner sind es?

b) Wie viele Hühner sind es bei 8 Köpfen und 24 Beinen?

1 Zahlenrätsel lösen: Gesuchte Ergebniszahlen aus den Einmaleinsreihen über die Multiplikation herausfinden. 2 Zahlenrätsel lösen, als Hilfe Einmaleinsreihen notieren. 3 Aufgaben durch Probieren lösen.

→ Arbeitsheft, Seite 68

Teilen mit Rest

1

Ich habe 23 Würfel und baue Fünfertürme.

Es bleiben 3 Würfel übrig.

23 : 5 = ▢   23 : 5 = 4 Rest 3 oder kurz: 23 : 5 = 4 R 3

2 Baue und rechne. Wo bleiben Würfel übrig? Wie viele?

a) 7 : 2      b) 7 : 3   c) 7 : 4   d) 7 : 5
11 : 2   11 : 3   11 : 4   11 : 5
14 : 2   14 : 3   14 : 4   14 : 5
15 : 2      15 : 3   15 : 4   15 : 5
19 : 2   19 : 3   19 : 4   19 : 5

7 : 2 = 3 Rest 1

3 a) Zeichne Punktebilder und rechne.   b) Rechne.

15 : 7		17 : 8	13 : 3	33 : 7
20 : 9		18 : 4	22 : 4	27 : 9
18 : 5		19 : 6	25 : 8	26 : 6
5 : 3		9 : 4	41 : 5	50 : 7

15 : 7 = ▢ R ▢

4 Ben hat mit Würfeln gebaut. Hier sind seine Ergebnisse.
Welche Geteiltaufgaben waren es?

a) 6 Zweiertürme und 1 einzelner Würfel

b) 3 Sechsertürme und 4 Würfel

c) 7 Vierertürme und 3 Würfel

d) 9 Dreiertürme und 2 Würfel

6 · 2 = ▢
   + 1 = ▢
Die Aufgabe war ▢ : 2.

Teilen mit Rest

1

Ich verteile 18 Kekse an 4 Kinder.

18 : 4 = ☐

18 : 4 = ☐ R ☐

2 Verteile Plättchen und rechne.

a) 9 : 2
   13 : 2
   17 : 2
   18 : 2
   20 : 2

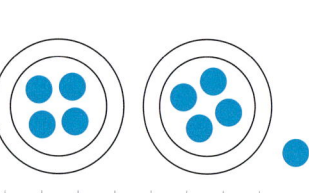

9 : 2 = 4 R 1

b) 9 : 3
   13 : 3
   17 : 3
   18 : 3
   20 : 3

c) 9 : 4
   13 : 4
   17 : 4
   18 : 4
   20 : 4

d) 9 : 5
   13 : 5
   17 : 5
   18 : 5
   20 : 5

3 a) Zeichne Punktebilder und rechne.

10 : 4
19 : 3
18 : 6
11 : 4

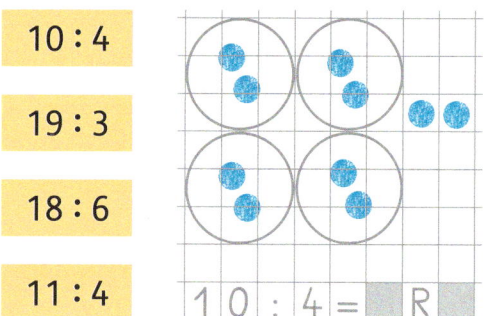

1 0 : 4 = ☐ R ☐

b) Rechne.

11 : 2   12 : 5   15 : 4
14 : 3   15 : 2   20 : 7
24 : 5   16 : 5   21 : 6
7 : 2   14 : 6   34 : 7

4 Frage, löse und antworte. Zeichne eine Skizze.

Zum Elternabend kommen 19 Eltern. Wie viele Gruppentische werden benötigt?

a) Sie sitzen an 6er-Tischen.
b) Sie sitzen an 4er-Tischen.
c) Sie sitzen an 2er-Tischen.
d) Sie sitzen an 8er-Tischen.

5 Das neue Arbeitsmaterial soll gerecht an 4 Klassen verteilt werden.

Was kann ohne Rest verteilt werden? Schreibe alle Aufgaben und rechne.

a) 40 Buntstifte
b) 25 Klebestifte
c) 30 Bleistifte
d) 11 Tablets
e) 20 Radiergummis
f) 10 Malblöcke
g) 35 Scheren
h) 28 Anspitzer

1 Einführung der Division mit Rest über das Verteilen. Eigene Rechengeschichten erfinden und notieren.   2, 3 Das Verteilen mit Rest durch Verteilen von Plättchen und Zeichnen von Punktebildern üben. Dabei auf korrekte Schreibweise achten.
4, 5 Lösungen ggf. durch Anfertigen einer Skizze bzw. Legen mit Plättchen finden und Rechnungen notieren.

→ Arbeitsheft, Seite 69

Der Kalender

1 Betrachtet den Kalender des Jahres 2023.

Januar	Februar	März	April	Mai	Juni
Mo Di Mi Do Fr Sa So	Mo Di Mi Do Fr Sa So	Mo Di Mi Do Fr Sa So	Mo Di Mi Do Fr Sa So	Mo Di Mi Do Fr Sa So	Mo Di Mi Do Fr Sa So

Juli	August	September	Oktober	November	Dezember

a) Welche Monate haben 30 Tage?
b) Welche Monate haben 31 Tage?
c) Was ist das Besondere am Februar?
d) Was fällt euch noch auf?

Das ist meine Faustregel.

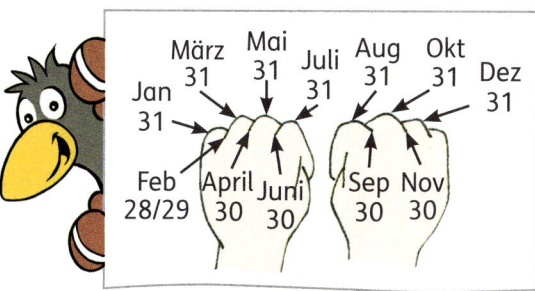

2 a) Besorge dir einen aktuellen Kalender. Welche Wochentage sind es?

21. Juli: Freitag

    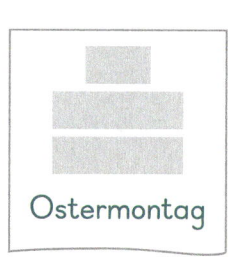

b) Schreibe das Datum der Kalenderblätter kürzer.   Freitag, 21.7.
c) Schreibe das Datum ausführlich.

| 04.03. | 24.12. | 31.07. | 03.10. | 01.05. | 15.09. |

Samstag, 4. März   08.11.   10.01.   28.02.   06.06.

1 Den Jahreslauf am Kalender entdecken. Anzahl der Tage der jeweiligen Monate benennen. Besonderheit einzelner Monate thematisieren. Faustregel kennenlernen und anwenden. Bei d) darauf eingehen, dass Dez./Jan. und Jul./Aug. 31 Tage haben.
2 Wochentage in einem aktuellen Kalender (KV) finden und notieren. Verschiedene Schreibweisen anwenden.

→ Arbeitsheft, Seite 70

Zeit vergleichen

○ **1** Wann vergeht für euch die Zeit langsam, wann schnell? Findet eigene Beispiele.

 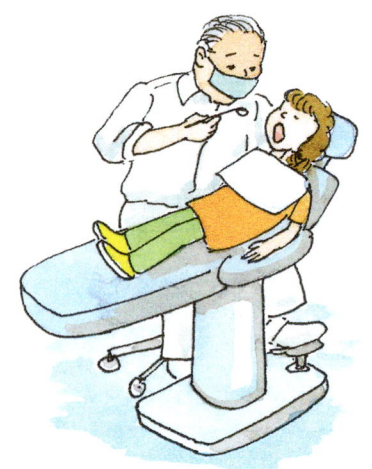

○ **2** Wer von euch kann …

a) am längsten …   b) am schnellsten …

auf den Zehenspitzen stehen?	einen Schuh zubinden?
auf dem rechten Bein stehen?	die Zahlen von 25 bis 50 schreiben?
auf dem linken Bein stehen?	von 75 bis 50 leise rückwärts zählen?
bewegungslos am Platz sitzen?	in Fünferschritten bis 50 zählen?

○ **3** Ordne nach der Dauer von kurz nach lang.

a) Schulstunde   Pause   1 mal klatschen   Ferien   *1 mal klatschen,*

b) Urlaub   Apfel essen   Kerze ausblasen   Kinobesuch

c) Frühstücken   1 mal hüpfen   Kuchen backen   Zähne putzen   Tee kochen

○ **4** Ordne zu.

A	B	C	D	E

Sonnenuhr	Wanduhr	Sanduhr	Eieruhr	Stoppuhr

1 Über unterschiedliches Zeitempfinden sprechen und eigene Beispiele finden. **2** Zeitspannen enaktiv direkt miteinander vergleichen. **3** Ereignisse nach ihrer Dauer ordnen. Mit der kürzesten Dauer beginnen. **4** Den verschiedenen Zeitmessern ihre jeweilige Bezeichnung zuordnen. Darüber sprechen, wann die Zeitmesser jeweils zum Einsatz kommen.

Zeitmesser bauen und nutzen

1 Baut euch eine Sanduhr.

Ihr braucht:
- 2 gleiche Gläser mit Schraubverschluss
- Kontaktkleber
- 1 Nagel
- 1 Hammer
- feinen Sand (am besten Vogelsand)
- 1 feste Unterlage

Mit einer Sanduhr kann man die Zeit messen.

| Klebt die Deckel zusammen. | Schlagt ein Loch durch den Deckel. | Füllt ein Glas mit Sand. | Schraubt die Gläser zusammen. |

2 a) Was passiert, wenn ihr die Sandmenge eurer Uhr verändert?
b) Verändert eure Sanduhren so, dass sie gleich lang laufen.

3 Messt mit eurer Sanduhr. Schafft ihr es, bei einem Durchlauf …
a) eure Schuhe zu binden?
b) das Alphabet aufzuschreiben?
c) die Zahlen von 1 bis 100 aufzuschreiben?
d) alle eure Sachen in die Tasche zu packen?
e) 30 Kniebeugen zu machen?
f) das Einmaleins mit 7 aufzuschreiben?

Zuerst vermuten, dann prüfen.

	vermutet	geprüft
Schuhe binden		
ABC		
1 – 100		

4 Warum kann man mit einer Sanduhr nicht genau messen?
a) Erkläre und begründe deinem Partner oder deiner Partnerin.
b) Welche Möglichkeiten habt ihr noch, zu messen?

Die Uhr

1

die Uhr	der Stundenzeiger	1 Stunde = 60 Minuten
die Uhrzeit	der Minutenzeiger	1 h = 60 min

7.00 Uhr	7.15 Uhr	7.30 Uhr	7.45 Uhr
19.00 Uhr	19.15 Uhr	19.30 Uhr	19.45 Uhr
sieben Uhr	Viertel nach sieben	halb acht	Viertel vor acht

2 Wie spät ist es? Schreibe beide Uhrzeiten.

a)  4.30 Uhr   16.30 Uhr

b)    c)    d)

e)    f)    g)    h) 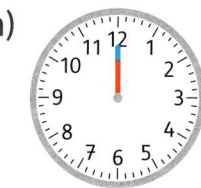   i)

3 Stellt die Uhrzeit an einer Lernuhr ein. Vergleicht miteinander.

12.15 Uhr	14.30 Uhr	17.15 Uhr	11.30 Uhr	8.45 Uhr
Viertel nach 1	halb 7	Viertel vor 10	Viertel nach 8	Viertel vor 5

4 Stellt auf der Lernuhr 7 Uhr ein. Wie spät ist es …

- in 15 Minuten?
- in 45 Minuten?
- in 60 Minuten?
- in 24 Stunden?
- in 12 Stunden?
- in einer halben Stunde?
- in 2 Stunden?
- in 36 Stunden?

Zeitpunkt und Zeitspanne

1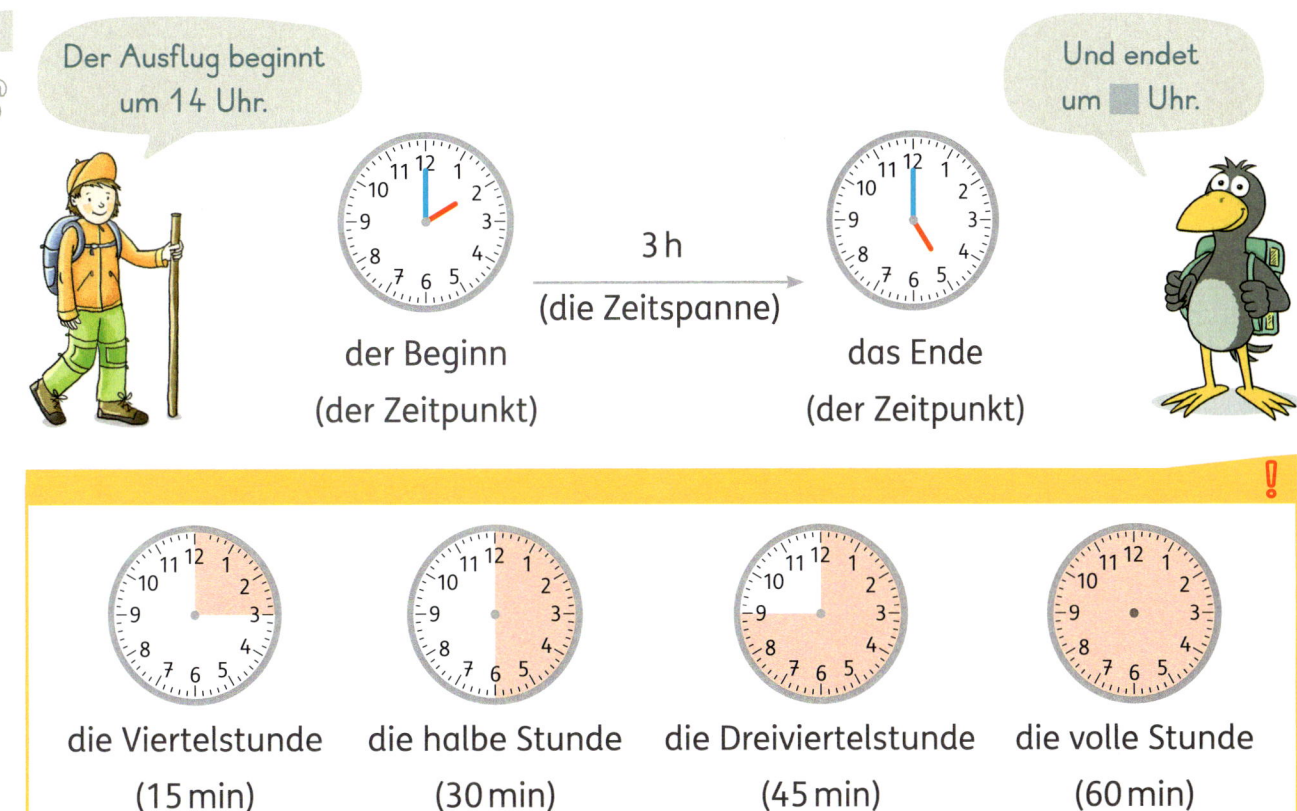

2 Wie viel Zeit ist vergangen? Berechne die Zeitspanne.

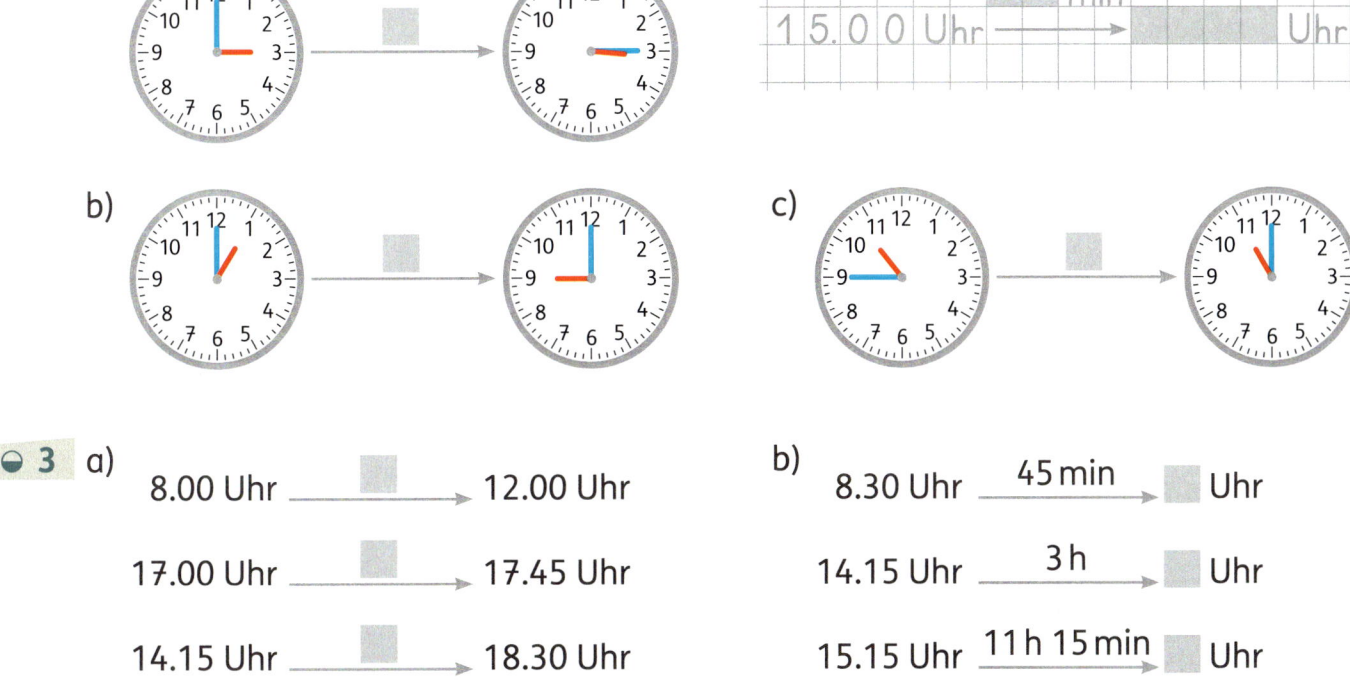

3 a)
8.00 Uhr ⟶ 12.00 Uhr

17.00 Uhr ⟶ 17.45 Uhr

14.15 Uhr ⟶ 18.30 Uhr

b)
8.30 Uhr — 45 min ⟶ ▢ Uhr

14.15 Uhr — 3 h ⟶ ▢ Uhr

15.15 Uhr — 11 h 15 min ⟶ ▢ Uhr

4 Frage, löse und antworte.

Frau Rabemann arbeitet freitags immer bis 16 Uhr.

Sie arbeitet 7 Stunden und macht 30 Minuten Pause.

Körper

○ 1

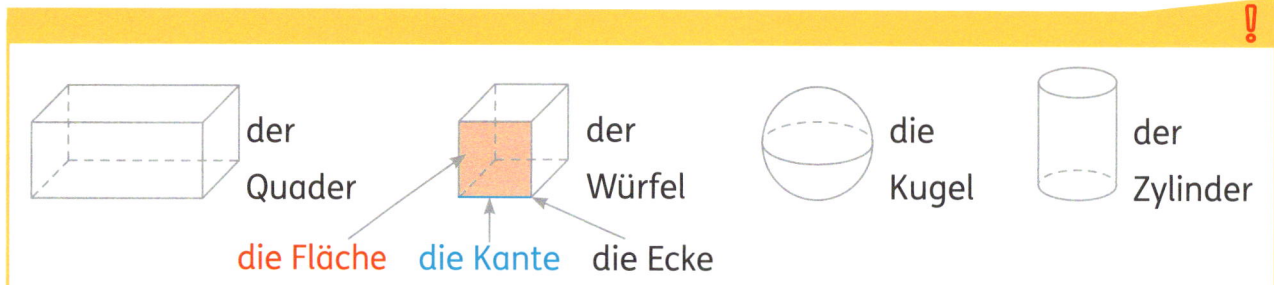

der Quader   der Würfel   die Kugel   der Zylinder

die Fläche   die Kante   die Ecke

○ 2 a) Forme die vier Körper aus Knete. Welche kannst du leicht bauen?

b) Baue Körpermodelle mit Holzstäbchen und Knete.

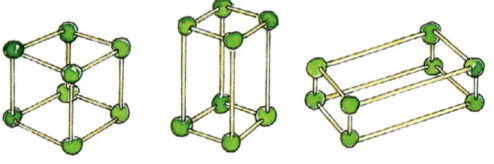

○ 3 Aus wie vielen geometrischen Körpern bestehen die Tiere?

a)

| Würfel | Kugeln |
| Quader | Zylinder |

b)

◐ 4 a) Sucht weitere Körper im Klassenzimmer. Notiert.

Quader:
Würfel:
Kugel:
Zylinder:

b) Ertastet mit verbundenen Augen Gegenstände. Nennt die Körper.

Das ist ein ▪.

1 Gegenstände beschreiben und der entsprechenden Körperform zuordnen. Begriffe einführen (Ecke, Kante, Fläche, Würfel, Quader, Kugel, Zylinder). 2 Körperformen aus unterschiedlichen Materialien nachbauen. 3 Körperformen aus Tierfiguren entnehmen und notieren. 4 Körperformen an Alltagsgegenständen entdecken und untersuchen.

→ Arbeitsheft, Seite 74

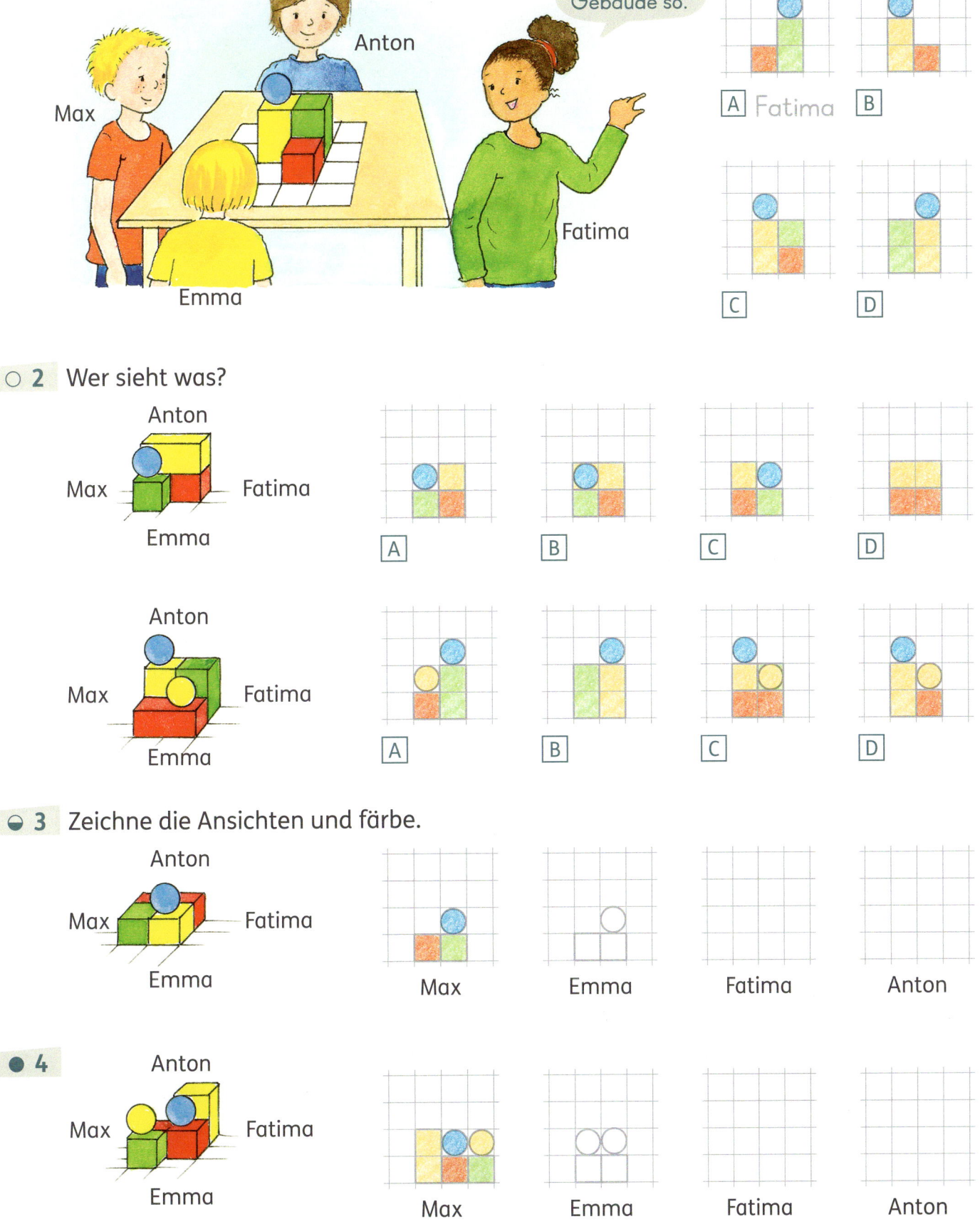

Würfelcity

1 a) Wie viele Würfel sind es?

Achtung! Einige Würfel sieht man nicht.

b) Vergleiche.

Was haben die Gebäude 1 und 3 gemeinsam?

Wodurch unterscheiden sich die Gebäude 4 und 5?

Wodurch unterscheiden sich die Gebäude 6 und 7?

2 a) Welche Gebäude gehören zu diesen Bauplänen? Zeichne die Bauplände in dein Heft.

Ich habe zu Gebäude 4 einen Bauplan gezeichnet.

Hier liegen 2 Würfel übereinander.

Nr.

| 3 | 2 |
| 2 | 1 |

Nr.

| 2 | 1 | 1 | 2 |
| 2 | 1 | 1 | 2 |

Nr.

3	
2	
1	

Nr.

| 2 | 2 | 2 | 2 |
| 2 | | | 2 |

b) Zeichne auch die Baupläne der fehlenden Gebäude in dein Heft.

1 Würfelanzahlen der Gebäude 1 bis 10 bestimmen. Dabei auch verdeckte Würfel berücksichtigen. Gebäude miteinander vergleichen.   2 Prinzip des Bauplans (bezifferter Grundriss) verstehen. Baupläne den Würfelgebäuden zuordnen. Baupläne für alle Gebäude 1–10 zeichnen.

→ Arbeitsheft, Seite 76

3 Baue die Gebäude nach.

a)
4	3	2	1
1	2	3	4

b)
3	3	2	2
2	2	3	3

c)
4	1	4
3	1	3
2	1	2

d)
3	3	3
3	3	3
3	3	3

4 a) Zeichne eigene Baupläne. Dein Partner baut.

b) Immer 8 Würfel. Zeichnet und baut.

5 Was passt zusammen? Überlege zuerst. Baue dann.

A
6	6
6	6

B
4	4	4
2	1	2

C
1	2	3	4	5
1	2	3	4	5

D
3	3	3
3		3
3	3	3

E
4	2	2	4
2			2
4	2	2	4

F
4	4	4	4	4
2	1	1	1	2

Brunnen   Sessel

Sofa   Burg

Treppe   Turm

3 Zu dargestellten Bauplänen Gebäude errichten.   4 Baupläne und Gebäude in Partnerarbeit gestalten.   5 Gebäude anhand der Baupläne in der Vorstellung erzeugen (Kopfgeometrie) und Bezeichnungen zuordnen. Anschließend Gebäude nachbauen und Vermutung überprüfen.

→ Arbeitsheft, Seite 76

Bauen und Rechnen

1 Wie viele Würfel sind es?

Aha! 2 Dreiertürme und ■ Viererturme.

3 Stockwerke mit je 5 Würfeln und das oberste mit ■ Würfeln.

Ganz einfach! 2 Quader. Einer mit 12 und einer mit ■ Würfeln.

2 · 3 = 6   3 · 4 = 12
6 + 12 = ■

3 · 5 = 15
15 + 3 = ■

12 + 6 = ■

2 Wie viele Würfel sind es?

a)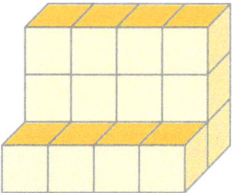
b)
c)

3 Wie viele Würfel sind es? Findest du verschiedene Rechnungen?

a)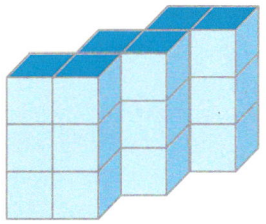
b)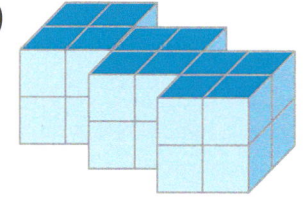
c)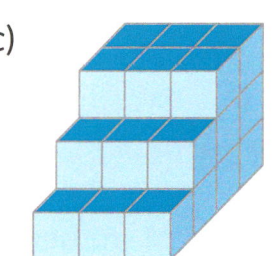

4 Wie viele Würfel sind es? Findest du verschiedene Rechnungen?

a)
b)
c)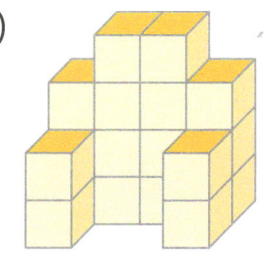

1 Anzahl der Würfel ermitteln. Unterschiedliche Betrachtungsweisen führen zu unterschiedlichen Rechnungen. **2** Die Würfelanzahl jeweils durch mehrere Rechnungen ermitteln, dabei verdeckte Würfel berücksichtigen. Gebäude ggf. nachbauen.

→ Arbeitsheft, Seite 77

Wege finden

1

2 Finde Wege durch den Zoo. Notiere einen kurzen Weg.
   a) vom Eingang zu den Elefanten.   Eingang, Löwe, Giraffe,
   b) vom Eingang zu den Affen.
   c) vom Eingang zu den Krokodilen.

3 Finde verschiedene Wege und notiere.
   a) Besuche alle Tiere.
   b) Besuche alle Tiere. Gehe nach 5 Tieren etwas essen.

4 a) Beschreibt euch gegenseitig einen Weg durch den Zoo.
   b) Welche Tiere seht ihr links, welche rechts?
   c) Geht den Weg zurück. Welche Tiere seht ihr jetzt links, welche rechts?

1 Zooplan lesen und mögliche Wege durch den Zoo besprechen. Begriffe („links", „rechts", „geradeaus", „erst", „dann") richtig nutzen.   2, 3 Probierend oder systematisch verschiedene Wege finden und notieren. Dabei Bedingungen beachten.
4 In Partnerarbeit Wege beschreiben und Perspektivwechsel thematisieren.

Wiederholung

1
a) 5 · 4   7 · 8
   6 · 4   2 · 8
   9 · 4   4 · 8
   1 · 4   6 · 8
   3 · 4   10 · 8

b) 3 · 3   8 · 6
   4 · 3   7 · 6
   2 · 3   5 · 6
   9 · 3   0 · 6
   6 · 3   3 · 6

c) 9 · 9   10 · 7
   1 · 9   6 · 7
   3 · 9   8 · 7
   4 · 9   3 · 7
   7 · 9   5 · 7

2
a) 12 : 4   80 : 8
    4 : 4   72 : 8
   28 : 4   56 : 8
   40 : 4   32 : 8
   32 : 4   64 : 8

b) 9 : 3   48 : 6
   15 : 3   54 : 6
    6 : 3   30 : 6
   24 : 3   42 : 6
   18 : 3   24 : 6

c) 9 : 9   21 : 7
   45 : 9   42 : 7
   36 : 9   56 : 7
   27 : 9   70 : 7
   72 : 9   14 : 7

3
a) 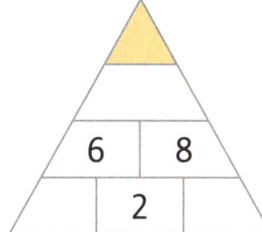   b) 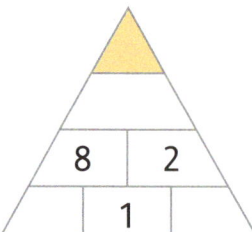   c)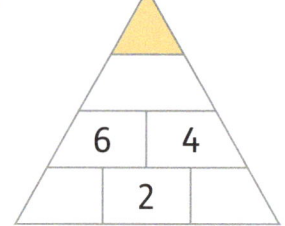

4 Aus welchen geometrischen Körpern bestehen die Gebäude? Wie viele sind es jeweils?

a) 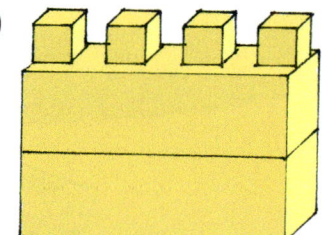   b)    c)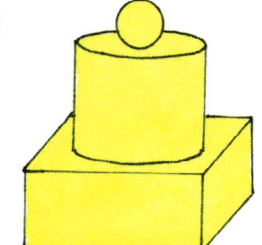

5 Wie spät ist es? Schreibe beide Uhrzeiten.

a)    b)    c)    d)

e)    f)    g)    h)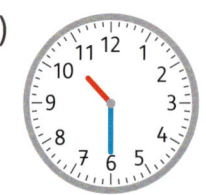

1, 2 Multiplikations- und Divisionsaufgaben lösen.   3 Malpyramiden ins Heft übertragen oder KV nutzen. Fehlende Zahlen mithilfe der Multiplikations bzw. der Division ergänzen.   4 Erkennen, aus welchen Körpern die Gebäude gebaut sind. Die Anzahlen jeweils zählen.   5 Uhrzeiten ablesen und beide Uhrzeiten notieren.

→ Arbeitsheft, Seite 78

6
a) 3 · 4   b) 6 · 6   c) 4 · 5   d) 12 : 2   e) 50 : 5
8 · 1   9 · 7   8 · 2   49 : 7   4 : 1
9 · 8   2 · 4   2 · 9   20 : 4   20 : 10
7 · 5   5 · 2   0 · 7   0 : 6   27 : 3
10 · 3   4 · 6   7 · 3   9 : 9   24 : 8

7 Schreibe mit Rest.
a) 7 : 3   b) 7 : 4   c) 10 : 6   d) 12 : 8   e) 10 : 10
11 : 3   9 : 4   14 : 6   16 : 8   34 : 10
14 : 3   15 : 4   24 : 6   25 : 8   47 : 10
18 : 3   16 : 4   31 : 6   36 : 8   61 : 10
21 : 3   23 : 4   40 : 6   64 : 8   79 : 10

8 Wie viel Zeit ist vergangen? Berechne die Zeitspanne.

a)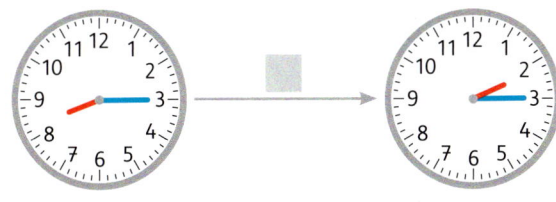

b) 10.00 Uhr → 16.30 Uhr
9.30 Uhr → 12.30 Uhr
7.00 Uhr → 7.45 Uhr
18.30 Uhr → 19.45 Uhr
16.15 Uhr → 4.15 Uhr

9 Wie viele Würfel sind es? Schreibe verschiedene Rechnungen.

a) 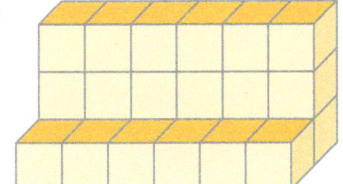   b) 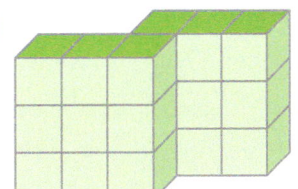   c)

10
a) Tina hat 33 Würfel. Wie viele Siebenertürme kann sie bauen? Wie viele Würfel bleiben übrig?

b) Luka hat 26 Würfel. Welche Türme kann er bauen, wenn am Ende genau 2 Würfel übrig bleiben sollen?

c) Mathis hat 35 Würfel. Welche Türme kann er bauen, wenn am Ende genau 3 Würfel übrig bleiben sollen?

6 Multiplikations- und Divisionsaufgaben lösen. 7 Divisionsaufgaben mit Rest lösen. 8 Zeitspannen berechnen. 9 Die Würfelanzahl jeweils durch mehrere Rechnungen bestimmen, dabei verdeckte Würfel berücksichtigen. 10 Zahlenrätsel zur Division mit Rest lösen. Gegebenenfalls mit Steckwürfeln nachbauen und kontrollieren.

→ Arbeitsheft, Seite 78

Rückblick

1 Wie lang ist die Linie?
Miss die einzelnen Strecken und rechne.

a)    b) 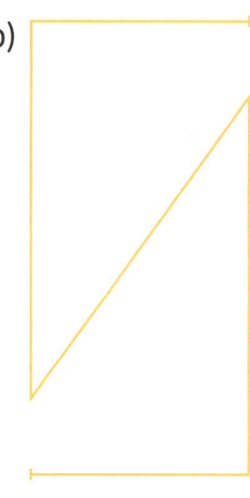   c)    d)

2
a) 35 + 8
37 + 9
34 + 7
38 + 6
39 + 3
41 42 43
44 45 46

b) 77 + 4
76 + 8
78 + 7
79 + 4
73 + 9
81 82 83
84 85 86

c) 42 − 3
45 − 8
43 − 7
47 − 9
44 − 6
36 37 38
38 39 39

d) 81 − 8
83 − 6
82 − 7
85 − 9
80 − 8
72 73 74
75 76 77

3 Setze jeweils um 4 Zahlen fort.

a) 20 → 28 → 36 → 44   b) 15 → 25 → 30 → 40

c) 85 → 78 → 71 → 64   d) 88 → 84 → 79 → 75

4 Löse die Zahlenmauern.

a) 35, 5, 27

b) 6, 2, 23

c) 85 / 52 / 30

d) 93 / 30 / 0

5
a)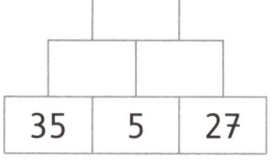
20 + 12
+ + +
15 + 30
+ 77

b)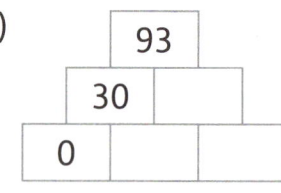
30 + 32 +
+ + +
23 + 9 +
+ 94

c)
13 + 41
+ + +
22 + 21
+ 97

---

1 Streckenzüge messen und Längen addieren.   2 Additions- und Subtraktionsaufgaben lösen.   3 Zahlenfolgen fortsetzen.
4 Zahlenmauern ins Heft übertragen oder KV nutzen. Fehlende Zahlen mithilfe der Addition und Subtraktion ergänzen.
5 Rabomaten lösen (KV nutzen).

Knobeln mit Blickrichtungen

1 Max hat auf der Bootsfahrt viele Fotos gemacht.
Von wo hat er welches Foto gemacht?

1 Standort des Fotografen den Fotos zuordnen. Zuordnungen durch Beschreibung der einzelnen Ansichten begründen. Zur Erläuterung die unterschiedlichen Ansichten evtl. mithilfe von Steckwürfeln oder Spielmaterialien veranschaulichen.

→ Arbeitsheft, Seite 79

Plusaufgaben mit Zehnerübergang

1

2 Legt und rechnet. Erklärt euch jeweils 5 Aufgaben.

a) 33 + 38	b) 47 + 14	c) 18 + 54	d) 76 + 15
33 + 28	37 + 24	19 + 55	17 + 63
33 + 26	35 + 57	31 + 39	48 + 36
33 + 29	67 + 16	56 + 17	67 + 14
33 + 27	49 + 27	44 + 48	25 + 58
57 59 60	48 61 61	64 70 72	80 81 83
61 62 71	76 83 92	73 74 92	84 85 91

3 Finde Rechenfehler. Schreibe die Aufgaben richtig auf.

a) 18 + 24 = 42	b) 14 + 38 = 52	c) 27 + 49 = 82	d) 30 + 66 = 69
15 + 36 = 51	13 + 59 = 73	89 + 11 = 100	69 + 22 = 91
37 + 29 = 68	75 + 16 = 91	33 + 58 = 93	57 + 42 = 99
39 + 51 = 90	46 + 34 = 80	12 + 77 = 89	88 + 9 = 96
65 + 19 = 71	27 + 57 = 74	86 + 11 = 97	43 + 56 = 98

4 Löse und setze fort.

a) 78 + 20	b) 52 + 18	c) 32 + 32	d) 42 + 17
78 + 18	53 + 18	29 + 35	47 + 15
78 + 16	54 + 18	26 + 38	52 + 13
78 + 14	55 + 18	23 + 41	57 + 11

1 In einer Rechenkonferenz verschiedene Lösungswege für das halbschriftliche Addieren kennenlernen, vergleichen und individuell anwenden.   2 Lösungsstrategie auswählen, anwenden und dem Partner oder der Partnerin erklären.   3 Rechenfehler finden und falsche Aufgaben richtig notieren.   4 Aufgabenrollen bearbeiten. Muster entdecken und fortführen.

→ Arbeitsheft, Seite 80

Plusaufgaben üben

1 Rechne und kontrolliere. Eine Zahl bleibt jeweils übrig.

a) 17 + 22
   21 + 28
   23 + 47
   36 + 53
   30 + 66

   39 49 70
   79 89 96

b) 39 + 26
   19 + 37
   35 + 46
   45 + 47
   56 + 28

   55 56 65
   81 84 92

c) 18 + 14
   17 + 56
   44 + 18
   23 + 19
   15 + 68

   32 42 52
   62 73 83

d) 47 + 35
   33 + 38
   37 + 53
   29 + 36
   17 + 28

   45 65 71
   75 82 90

2
a) 17 + 13 + 9
   41 + 32 + 8
   45 + 11 + 6
    7 + 37 + 53
   19 + 62 + 4

   39 55 62
   81 85 97

b) 23 + 14 + 7
   42 + 28 + 20
   16 + 25 + 15
   34 + 12 + 26
    6 + 45 + 22

   44 56 72
   73 90 92

c) 10 + 46 + 35
   53 + 20 + 27
   30 + 37 + 14
   42 + 28 + 20
   16 + 40 + 39

   72 81 90
   91 95 100

d) 18 + 51 + 21
   29 + 33 + 37
   22 + 15 + 48
   12 + 29 + 36
   27 + 11 + 43

   77 81 85
   90 99 100

3 Lea, Mark und Susi werfen mit Pfeilen. Frage, löse und antworte.

a) Lea hat mit Grün geworfen.
b) Mark hat mit Gelb geworfen.
c) Susi hat mit Blau geworfen.
d) Wer die meisten Punkte hat, gewinnt.

4
a)

   26 + 31
   17 + 19

b)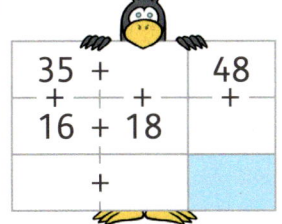

   35 +   48
   16 + 18

c)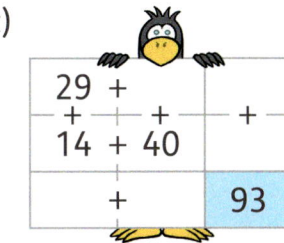

   29 +
   14 + 40   93

5 <, > oder =?

a) 18 + 14 ◯ 35
   17 + 51 ◯ 24
   44 + 13 ◯ 56
   22 + 19 ◯ 48
   19 + 62 ◯ 90

b) 79 ◯ 47 + 35
   85 ◯ 33 + 38
   67 ◯ 37 + 53
   54 ◯ 29 + 36
   43 ◯ 18 + 25

c) 12 + 47 ◯ 15 + 43
   54 + 26 ◯ 36 + 44
   23 + 65 ◯ 74 + 21
   36 + 28 ◯ 25 + 39
   75 + 19 ◯ 57 + 36

1 Eingeführte Rechenstrategien zum Zehnerübergang flexibel anwenden. 2 Additionsaufgaben mit drei Summanden lösen. 3 Sachaufgaben lösen (Frage, Lösung, Antwort). 4 Rabomaten lösen. 5 Aufgaben ins Heft übertragen und fehlende Relationszeichen ergänzen. Bei Bedarf Zwischenschritt mit Ergebnissen notieren.

→ Arbeitsheft, Seite 81

Minusaufgaben mit Zehnerübergang

○ 1

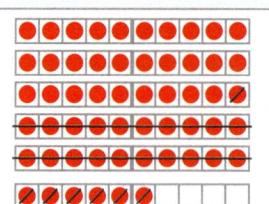

$56 - 27$

```
5 6 - 2 7 =
5 6 - 2 0 = 3 6
3 6 -   7 =
```

```
5 6 - 2 7 =
5 6 -   7 = 4 9
4 9 - 2 0 =
```

Warum nicht Zehner minus Zehner und Einer minus Einer?

Zuerst die Zehner weg, dann die Einer weg.

Zuerst die Einer weg, dann die Zehner weg.

○ 2 Wie rechnet ihr? Erklärt euch jeweils 5 Aufgaben.

a) 46 – 27	b) 34 – 17	c) 61 – 53	d) 83 – 25
46 – 29	54 – 17	43 – 25	94 – 56
46 – 28	84 – 17	55 – 17	75 – 48
46 – 26	44 – 17	73 – 59	86 – 36
46 – 38	94 – 17	85 – 48	67 – 29
8 17 18	17 27 37	8 14 18	9 27 38
19 20 39	47 67 77	37 38 77	38 50 58

○ 3 Finde Rechenfehler. Schreibe die Aufgaben richtig auf.

a) $54 - 35 = 11$	b) $53 - 27 = 26$	c) $61 - 44 = 18$	d) $76 - 49 = 24$
$47 - 29 = 18$	$65 - 19 = 46$	$83 - 58 = 25$	$62 - 26 = 36$
$72 - 28 = 44$	$81 - 43 = 37$	$96 - 39 = 57$	$87 - 38 = 49$
$85 - 67 = 17$	$92 - 34 = 38$	$70 - 23 = 48$	$51 - 51 = 0$
$66 - 59 = 7$	$78 - 59 = 19$	$52 - 26 = 24$	$86 - 68 = 18$

○ 4 a)

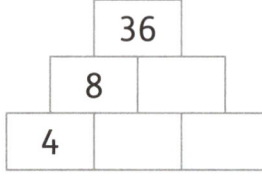 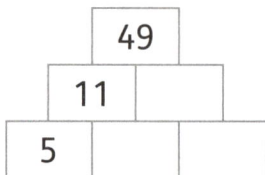 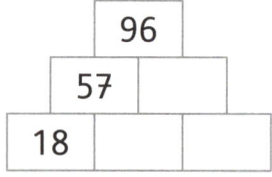 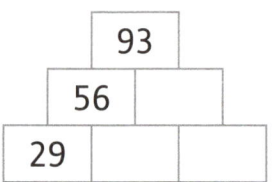

b)

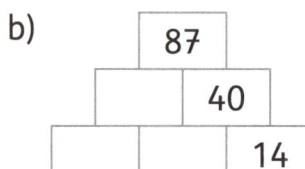 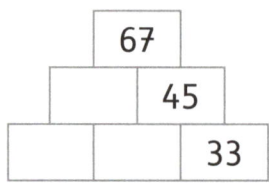 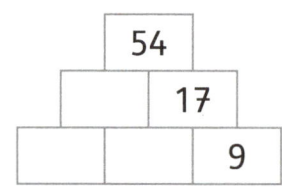 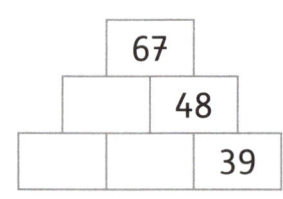

1 In einer Rechenkonferenz verschiedene Lösungswege zum halbschriftlichen Subtrahieren kennenlernen, vergleichen und individuell anwenden. Fehlerquellen besprechen. Hierzu den Hinweis des Raben nutzen. 2 Lösungsstrategie auswählen, anwenden und sich gegenseitig erklären. 3 Rechenfehler finden, falsche Aufgaben richtig notieren. 4 Zahlenmauern lösen.

→ Arbeitsheft, Seite 82

Minusaufgaben üben

1 Rechne und kontrolliere. Eine Zahl bleibt jeweils übrig.

a) 56 − 31
67 − 36
88 − 44
59 − 36
85 − 63

b) 77 − 38
54 − 54
66 − 48
42 − 14
62 − 25

c) 93 − 65
94 − 26
56 − 17
79 − 22
82 − 57

d) 44 − 29
85 − 56
92 − 47
100 − 78
79 − 35

🔑 21 22 23   0 18 28   25 28 38   12 15 22
25 31 44   37 38 39   39 57 68   29 44 45

2 Rechne und kontrolliere. Eine Zahl bleibt jeweils übrig.

a) 64 − 25 − 6
56 − 5 − 38
82 − 46 − 7
57 − 31 − 8
93 − 9 − 65

b) 68 − 29 − 10
77 − 40 − 18
86 − 50 − 27
75 − 39 − 30
93 − 26 − 20

c) 53 − 34 − 9
47 − 28 − 12
61 − 36 − 21
48 − 19 − 18
55 − 15 − 25

d) 79 − 23 − 29
92 − 28 − 42
81 − 44 − 27
67 − 13 − 37
59 − 29 − 15

🔑 13 18 19   6   9 11   4   7 10   10 15 17
23 29 33   19 29 47   11 13 15   22 24 27

3 <, > oder = ?

a) 18 − 14 ○ 5
41 − 25 ○ 24
56 − 18 ○ 46
92 − 19 ○ 73
85 − 67 ○ 19

b) 29 ○ 74 − 35
45 ○ 93 − 46
21 ○ 87 − 58
36 ○ 61 − 24
43 ○ 94 − 55

c) 52 − 34 ○ 45 − 16
64 − 26 ○ 63 − 25
71 − 47 ○ 74 − 38
86 − 28 ○ 97 − 49
75 − 19 ○ 57 − 28

4 Setze die Aufgabenrollen fort.
Was passiert mit den Ergebnissen?

a) Die erste Zahl bleibt immer gleich. Die zweite Zahl wird immer um 2 kleiner.

86 − 26

▢ − ▢

b) Die erste Zahl wird immer um 3 kleiner. Die zweite Zahl wird immer um 3 kleiner.

27 − 18

▢ − ▢

c) Die erste Zahl wird immer um 1 kleiner. Die zweite Zahl wird immer um 2 größer. Die dritte Zahl wird immer um 2 kleiner.

100 − 26 − 24

▢ − ▢ − ▢

---

1 Eingeführte Rechenstrategien zum Zehnerübergang flexibel anwenden. **2** Subtraktionsaufgaben mit zwei Subtrahenden lösen. **3** Rechnungen lösen, bei Bedarf Zwischenschritte notieren. **4** Aufgabenrollen mit einem und zwei Subtrahenden lösen. Eigene Rollen entsprechend der Vorgaben erstellen.

→ Arbeitsheft, Seite 83

Plus: vorteilhaft rechnen

1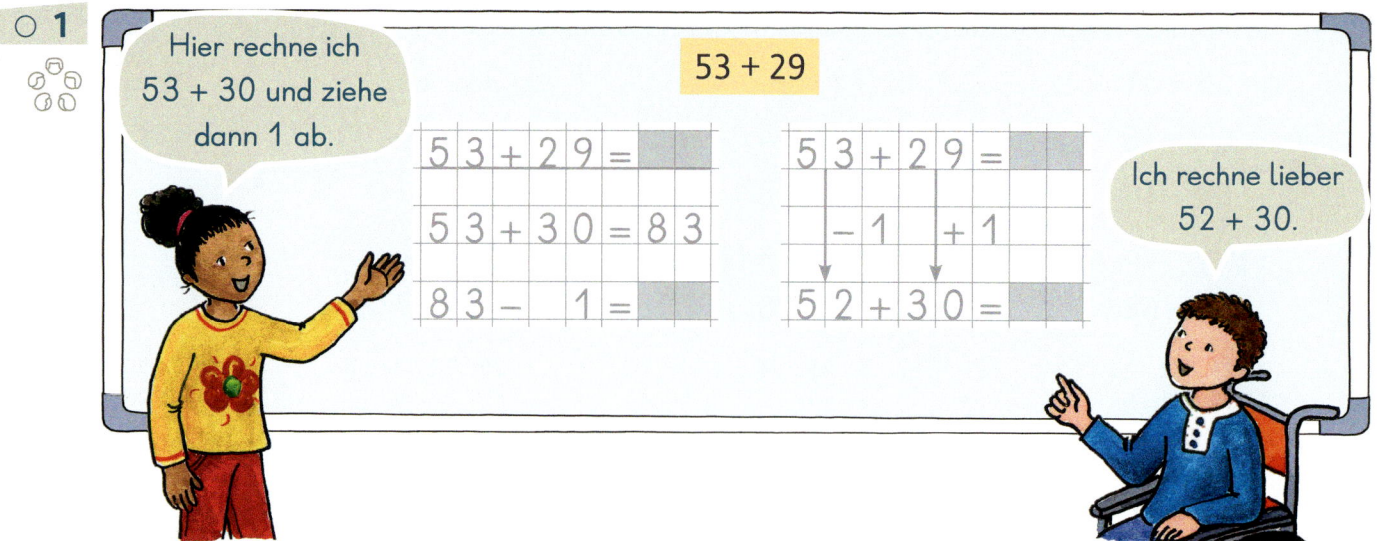

2 Wie rechnet ihr?

Erklärt euch jeweils 5 Aufgaben.

a) 43 + 29	b) 39 + 53	c) 69 + 26	d) 63 + 29	e) 37 + 58
34 + 29	29 + 26	49 + 34	73 + 19	29 + 71
56 + 29	49 + 44	25 + 19	59 + 27	46 + 51
35 + 29	19 + 56	59 + 17	64 + 18	79 + 19
45 + 29	59 + 22	46 + 39	15 + 38	32 + 64
63 64 72	55 65 75	44 46 76	52 53 82	95 96 97
74 83 85	81 92 93	83 85 95	86 92 92	98 99 100

3 Rechne geschickt.

a) 11 + 35 + 19
19 + 46 + 11
21 + 19 + 38
21 + 23 + 49
27 + 41 + 29

b) 34 + 13 + 26
11 + 42 + 28
55 + 26 + 15
43 + 17 + 29
16 + 58 + 14

c) 45 + 24 + 16
56 + 23 + 14
28 + 32 + 29
3 + 67 + 10
44 + 31 + 9

4 Nutze das Verdoppeln.

a) 46 + 45
32 + 31
24 + 25
15 + 16
29 + 30

b) 25 + 14 + 15
31 + 17 + 18
12 + 13 + 24
46 + 15 + 14
33 + 23 + 24

c) 11 + 35 + 12
25 + 24 + 37
19 + 46 + 18
29 + 16 + 17
28 + 26 + 36

1 In einer Rechenkonferenz verschiedene Möglichkeiten des vorteilhaften Rechnens kennenlernen. 2 Lösungsstrategie auswählen, anwenden und dem Partner oder der Partnerin erklären. 3 Rechenvorteile bei drei Summanden anwenden. 4 Strategie des Verdoppelns thematisieren und anwenden. Diese auch bei drei Summanden entdecken und nutzen.

→ Arbeitsheft, Seite 84

Minus: vorteilhaft rechnen

1

2 Wie rechnet ihr?

Erklärt euch jeweils 5 Aufgaben.

a) 33 – 19	b) 43 – 29	c) 56 – 28	d) 54 – 18	e) 32 – 19
26 – 19	57 – 39	67 – 28	62 – 29	54 – 28
64 – 19	76 – 59	93 – 18	48 – 19	71 – 49
53 – 19	84 – 69	85 – 18	87 – 29	66 – 48
73 – 19	96 – 49	56 – 38	91 – 48	51 – 39
7 14 17	14 15 17	18 28 39	29 33 36	12 13 18
34 45 54	18 45 47	57 67 75	43 48 58	22 24 26

3 Rechne geschickt.

a) 96 – 49 – 26	b) 89 – 26 – 19	c) 45 – 7 – 19	d) 97 – 79 – 17
84 – 34 – 39	95 – 33 – 29	74 – 17 – 38	65 – 19 – 35
78 – 15 – 29	81 – 9 – 51	52 – 26 – 12	87 – 46 – 17
67 – 19 – 4	58 – 19 – 14	94 – 78 – 0	73 – 29 – 33
58 – 16 – 28	63 – 29 – 11	87 – 39 – 13	55 – 14 – 21

4 Rechne geschickt.

a) 28 + 2 – 16	b) 14 + 44 – 24	c) 93 – 63 + 12	d) 14 + 79 – 13
42 – 15 – 15	42 + 6 – 16	33 – 8 + 18	60 – 59 + 11
73 – 24 – 33	88 – 51 + 12	90 + 8 – 38	62 – 3 – 32
92 + 7 – 52	67 + 15 – 37	25 – 19 + 65	71 – 17 – 23
39 + 54 – 44	47 + 32 – 22	4 + 74 – 0	15 + 16 – 28

1 Im Rahmen einer Rechenkonferenz über verschiedene Möglichkeiten des vorteilhaften Rechnens sprechen. 2 Eine Strategie auswählen, anwenden und dem Partner oder der Partnerin erklären. 3 Rechenvorteile bei zwei Subtrahenden anwenden. 4 Verschiedene Strategien kombinieren.

→ Arbeitsheft, Seite 84

Klecksaufgaben

○ 1 Wenn die 1. Zahl fehlt, rechne ich die Umkehraufgabe.

⬤ + 26 = 63
63 − 26 = ⬤

⬤ − 37 = 54
54 + 37 = ⬤

35 + ⬤ = 83
83 − 35 = ⬤

72 − ⬤ = 28
72 − 28 = ⬤

Wenn die 2. Zahl fehlt, rechne ich eine Minusaufgabe.

○ 2 Finde die fehlenden Zahlen.

a) ⬤ + 25 = 42
⬤ + 41 = 64
⬤ + 69 = 88
⬤ + 53 = 75
⬤ + 69 = 96

b) ⬤ − 35 = 48
⬤ − 43 = 37
⬤ − 84 = 13
⬤ − 59 = 26
⬤ − 72 = 14

c) 62 + ⬤ = 83
45 + ⬤ = 74
53 + ⬤ = 96
27 + ⬤ = 89
18 + ⬤ = 67

d) 82 − ⬤ = 59
71 − ⬤ = 44
58 − ⬤ = 16
96 − ⬤ = 68
47 − ⬤ = 26

◐ 3 Finde die fehlenden Zahlen und Rechenzeichen.

a) 66 − ⬤ = 27
⬤ + 39 = 85
⬤ − 14 = 79
61 + ⬤ = 94
17 + ⬤ = 76

b) ⬤ + 31 = 58
15 ⬤ 26 = 41
21 ⬤ 72 = 93
67 − ⬤ = 28
73 − 54 = ⬤

c) ⬤ ⬤ 15 = 92
57 − ⬤ = 23
76 ⬤ ⬤ = 97
⬤ − 47 = 17
11 ⬤ ⬤ = 76

d) 27 ⬤ 28 = ⬤
⬤ + 46 = 85
41 ⬤ ⬤ = 29
64 + ⬤ = 99
100 ⬤ ⬤ = 76

● 4 Finde die fehlenden Zahlen und Rechenzeichen.

a) 70 ⬤ 48 = 2⬤
65 ⬤ ⬤ = 46
⬤ ⬤ 25 = 38
81 − ⬤ = 27
96 ⬤ 37 = ⬤

b) 52 ⬤ ⬤8 = 100
33 ⬤ ⬤7 = 16
4⬤ ⬤ 14 = 27
⬤ ⬤ ⬤5 = 42
21 + ⬤9 = 60

c) 6⬤ ⬤ 18 = 84
4⬤ ⬤ 19 = 27
28 + 1⬤ = ⬤4
33 ⬤ ⬤5 = 78
16 ⬤ ⬤3 = 89

Zauberdreiecke

1 Löse die Zauberdreiecke.

a)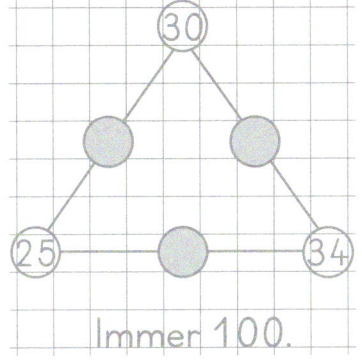
Immer **100**.

Immer 100.

Keine Zahl darf doppelt vorkommen.

b)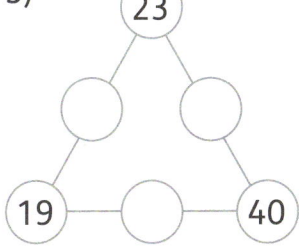
Immer **100**.

c)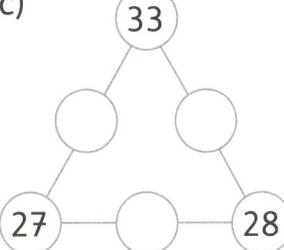
Immer **100**.

d)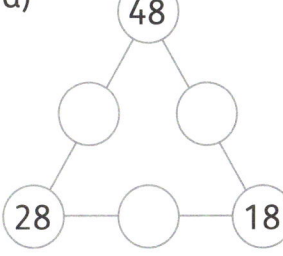
Immer **100**.

e)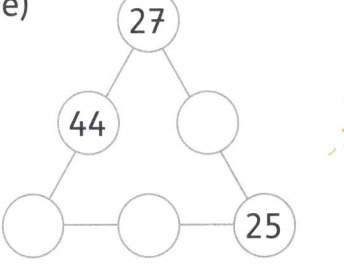
Immer **100**.

f)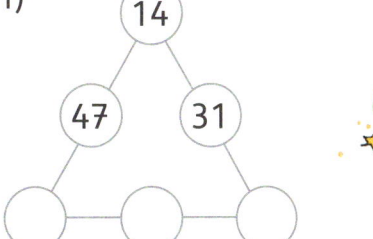
Immer **100**.

g)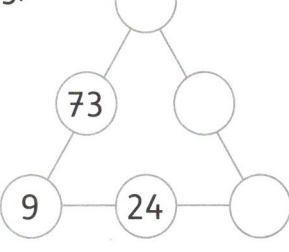
Immer **100**.

2 Löse durch Probieren.

a)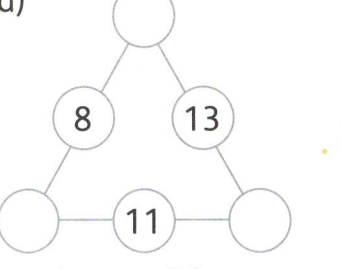
Immer **30**.

b)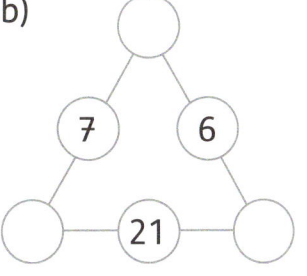
Immer **40**.

c)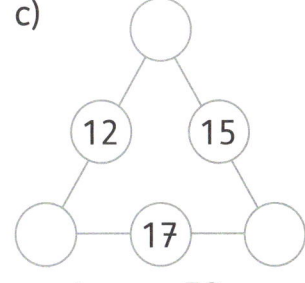
Immer **50**.

3 Bilde Zauberdreiecke. Die Zauberzahl ist immer 100.

a) 13 20 30
   33 37 50

b) 22 25 28
   31 47 50

c) 20 28 30
   38 42

---

1 Aufbau eines Zauberdreiecks wiederholen: Die Seiten sind in der Summe gleich (Begriff „Zauberzahl", hier immer 100). Aufgabenformat ins Heft übertragen (oder KV nutzen). 2 Zauberdreiecke durch Probieren lösen. Als Hilfe Zahlenkarten von 1–24 schreiben und legen. 3 Zauberdreiecke durch Probieren selbst finden. Fehlende Zahl ergänzen.

→ Arbeitsheft, Seite 86

Mit Zahlenmauern experimentieren

1

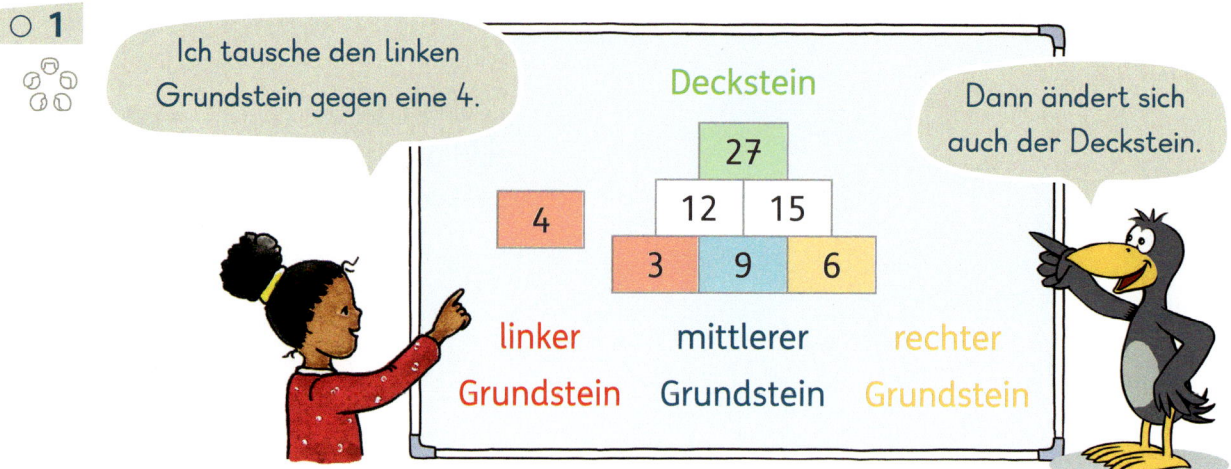

Was passiert im Deckstein?

a) Vergrößere die Zahl im linken Grundstein um 1 (um 2, um 3).

b) Vergrößere die Zahl im mittleren Grundstein um 1 (um 2, um 3).

c) Vergrößere die Zahl im rechten Grundstein um 1 (um 2, um 3).

2 Was passiert im Deckstein? Beschreibt abwechselnd.

a) Der linke Grundstein wird um 1 kleiner.

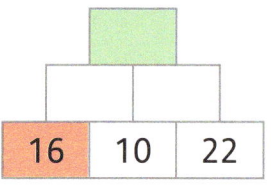

b) Der rechte Grundstein wird um 2 größer.

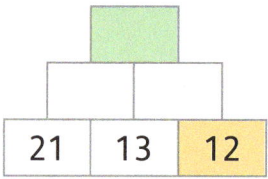

c) Beide Ecksteine werden um 2 kleiner.

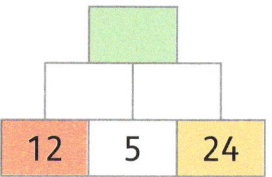

d) Der mittlere Grundstein wird um 1 größer.

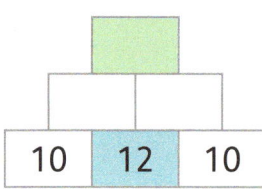

e) Der mittlere Grundstein wird um 2 kleiner.

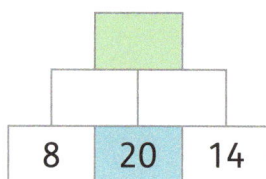

f) Alle Grundsteine werden um 2 größer.

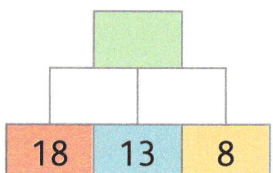

3 Wie muss sich der mittlere Grundstein ändern, ...

a) damit der Deckstein um 6 größer wird?

b) damit der Deckstein um 4 kleiner wird?

c) damit im Deckstein 40 steht?

d) damit im Deckstein 22 steht?

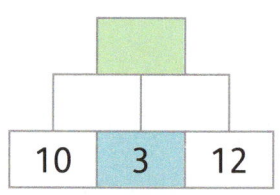

1 Bei dreistufigen Zahlenmauern die Steine der unteren Reihe (Grundsteine) systematisch verändern. Auswirkung auf den oberen Stein (Deckstein) erkennen und erklären. 2 Erkenntnisse aus Aufgabe 1 anwenden und dem Partner oder der Partnerin erklären (KV nutzen). 3 Aufgaben zu Zahlenmauern mithilfe der Erkenntnisse lösen (KV nutzen).

→ Arbeitsheft, Seite 87

Mit Zahlenmauern experimentieren

1 Finde zuerst die Zahlen in den farbigen Feldern.
Überprüfe durch Rechnen.

a)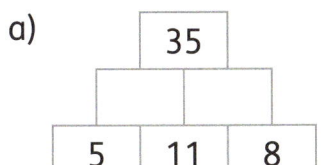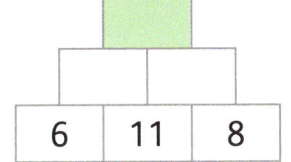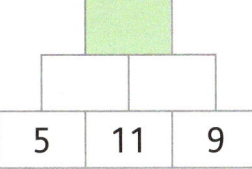

b)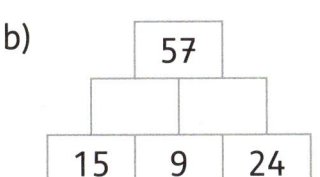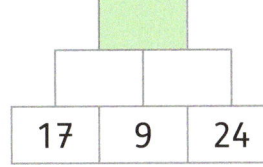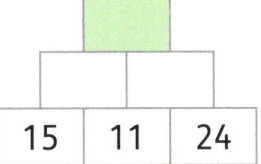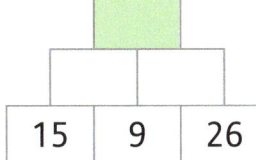

c)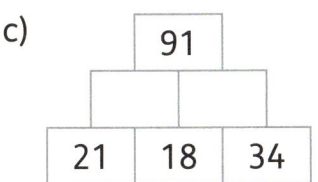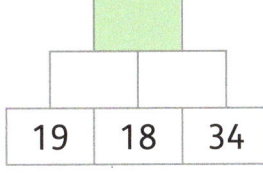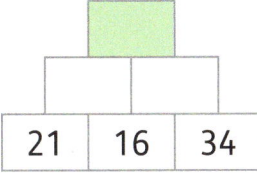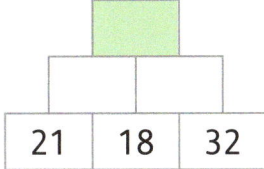

d)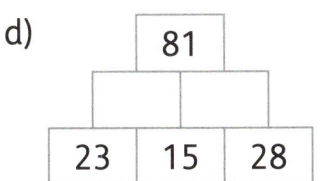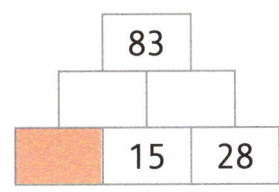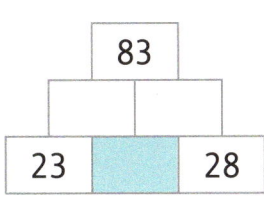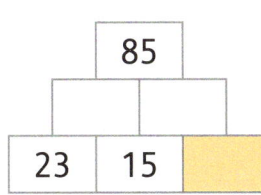

2 Stimmt das? Überprüfe.

a) Vertauscht man die Zahlen in den Grundsteinen, dann ändert sich die Zahl im Deckstein nie.

Gerade Zahlen sind 2, 4, 6, ...

b) Stehen in den Grundsteinen 3 gerade Zahlen, dann ist der Deckstein immer eine gerade Zahl.

c) Stehen in den Grundsteinen 3 ungerade Zahlen, dann ist der Deckstein immer eine ungerade Zahl.

d) Stehen in den Grundsteinen 2 gerade und eine ungerade Zahl, dann ist die Zahl im Deckstein immer gerade.

e) Stehen in den Grundsteinen eine gerade und 2 ungerade Zahlen, dann ist die Zahl im Deckstein immer ungerade.

1 Erkenntnisse über Zahlenmauern anwenden. Vermutungen anstellen und durch Rechnen überprüfen (KV nutzen).
2 Weitere Erkenntnisse über Zahlenmauern in Bezug auf gerade und ungerade Zahlen gewinnen (KV nutzen).

→ Arbeitsheft, Seite 87

Euro und Cent

1 Wie viel Geld ist es?

a)  b)  c)  d)

12 € 55 ct

e)  f)  g)  h)

2 Wie viel Geld ist es?   8 € + 30 ct = 8 € 30 ct

a) 8 € + 30 ct   b) 24 ct + 9 €   c) 17 € + 42 ct
    9 € + 19 ct   84 ct + 13 €   35 ct + 22 €
    5 € + 5 ct   52 ct + 6 €   90 ct + 7 €
    7 € + 83 ct   74 ct + 11 €   61 € + 5 ct

3 <, > oder =?

a) 7 € 30 ct ◯ 2 € 40 ct   7 € 30 ct > 2 € 40 ct   b) 12 € 10 ct ◯ 21 € 10 ct
    3 € 40 ct ◯ 8 € 70 ct   3 € 40 ct ◯ 8 € 70 ct   4 € 50 ct ◯ 4 € 50 ct
    5 € 10 ct ◯ 5 € 10 ct   10 € 10 ct ◯ 1 € 10 ct
    9 € 20 ct ◯ 7 € 20 ct   15 € 30 ct ◯ 15 € 70 ct

4 Stelle mit möglichst wenig Münzen und Scheinen dar. Lege und zeichne.

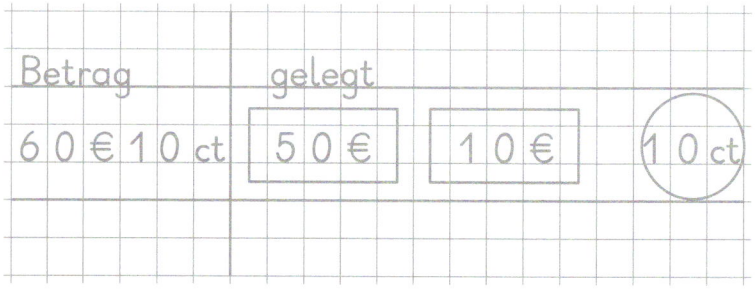

60 € 10 ct	41 € 52 ct
63 € 5 ct	75 € 20 ct
94 € 30 ct	17 € 96 ct

1, 2 Geldbeträge ermitteln und in gemischter Schreibweise notieren. Als Hilfe mit Rechengeld legen. **3** Geldbeträge miteinander vergleichen. Geldbeträge mit möglichst wenig Münzen und Scheinen legen. Rechengeld als Hilfsmittel nutzen.

→ Arbeitsheft, Seite 88

Euro und Cent

1

> 1 Euro = 100 Cent
> 1 € = 100 ct

(50 ct + 50 ct) + 20 ct   1 € + 20 ct = 1 € 20 ct

2

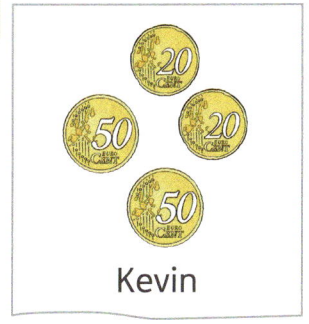
Kevin

Steffi

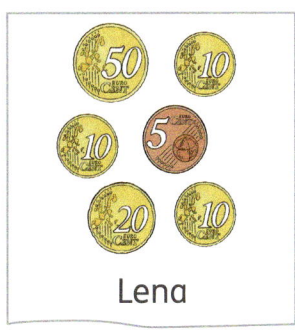
Lena

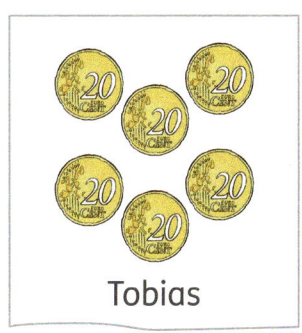
Tobias

a) Wie viel Geld hat jedes Kind? Schreibe in Euro und Cent.   Kevin 1 € 40 ct

b) Wer hat am meisten, wer am wenigsten Geld?

3 Ordne die Beträge. Beginne mit dem kleinsten Betrag.

a) 4 €   90 ct   1 € 40 ct   8 € 10 ct   15 €   100 ct

b) 77 ct   1 € 17 ct   1 €   7 € 77 ct   7 €   1 € 7 ct

c) 6 € 42 ct   64 ct   46 ct   64 € 20 ct   2 € 20 ct   2 € 4 ct

4 Wie viel fehlt bis zum nächsten Euro?

a) 1 € 30 ct + ___ ct = 2 €
   1 € 50 ct + ___ ct = 2 €
   1 € 10 ct + ___ ct = 2 €
   1 € 40 ct + ___ ct = 2 €

b) 3 € 80 ct + ___ ct = 4 €
   5 € 40 ct + ___ ct = 6 €
   6 € 20 ct + ___ ct = 7 €
   7 € 30 ct + ___ ct = 8 €

c) 10 € 99 ct + ___ ct = 11 €
   13 € 39 ct + ___ ct = 14 €
   12 € 79 ct + ___ ct = 13 €
   19 € 9 ct + ___ ct = 20 €

5 Wie viel Geld ist es? Rechne geschickt.

a) 70 ct + 30 ct + 28 ct
   95 ct + 5 ct + 56 ct
   10 ct + 90 ct + 99 ct
   1 ct + 99 ct + 25 ct

b) 20 ct + 15 ct + 80 ct
   60 ct + 22 ct + 40 ct
   24 ct + 80 ct + 20 ct
   15 ct + 38 ct + 85 ct

c) 13 ct + 75 ct + 25 ct
   55 ct + 17 ct + 45 ct
   2 ct + 36 ct + 98 ct
   36 ct + 64 ct + 20 ct

Sachrechnen mit Geld

○ 1

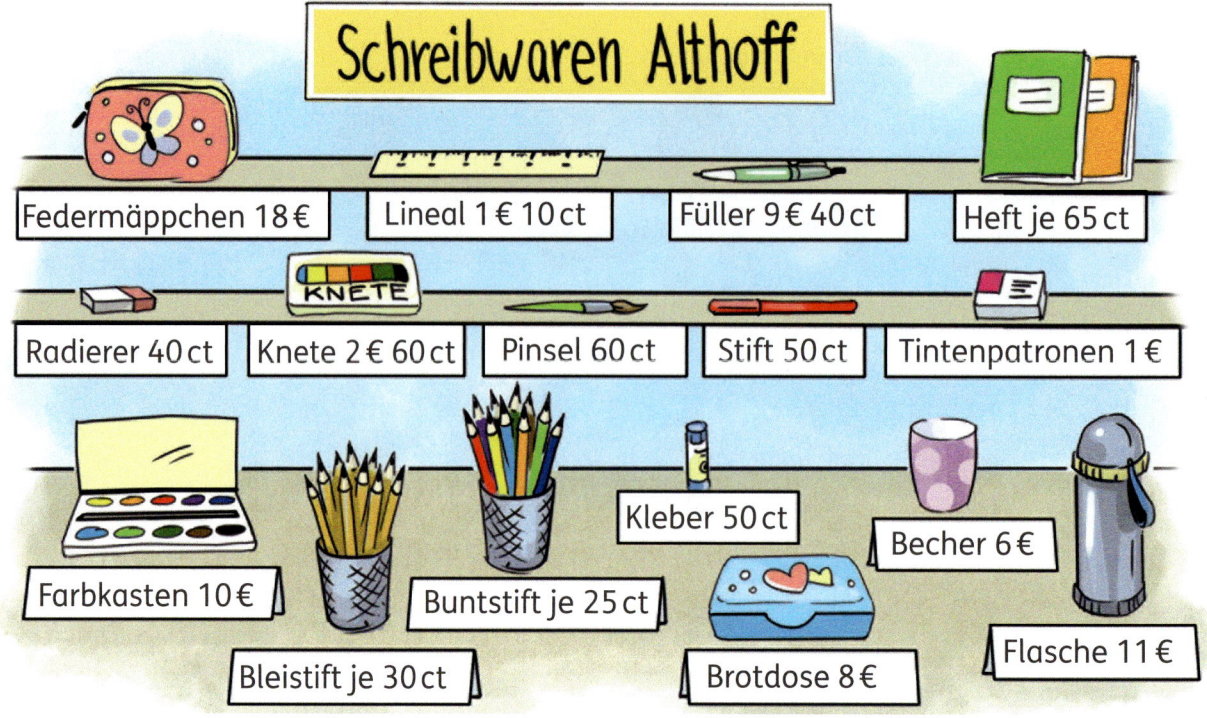

○ 2 a) Maja kauft:

Wie viel muss Maja bezahlen?

F: Wie viel muss Maja bezahlen?
L:
A: Maja muss ___ ct bezahlen.

b) Peter kauft:

Wie viel muss Peter bezahlen?

c) Katrin kauft:

Wie viel muss Katrin bezahlen?

○ 3 Wie viel kosten …

a) ein Füller und Tintenpatronen?
b) eine Packung Knete und ein Radierer?
c) ein Bleistift und ein Lineal?
d) Farbkasten, Becher und ein Pinsel?

● 4 Du hast 25 €. Wie viel Geld hast du noch nach deinem Einkauf? Du kaufst …

a) eine Brotdose und eine Trinkflasche.
b) einen Farbkasten und einen Becher.
c) eine Brotdose und einen Becher.
d) einen Füller, Knete und einen Bleistift.
e) einen Pinsel, einen Buntstift und einen Farbkasten.
f) Finde eigene Aufgaben.

1 Rechengeschichten erzählen. Situation nachspielen. Lösungsschritte für Sachaufgaben besprechen. 2, 3 Informationen entnehmen. Sachaufgaben mit Geld lösen (Frage, Lösung, Antwort). 4 Rückgeld berechnen, Sachaufgaben mit Geld lösen (Frage, Lösung, Antwort).

→ Arbeitsheft, Seite 89

Kombinieren

1 Emma hat:
Sie kombiniert immer 2 Formen zu einem Haus. Wie viele verschiedene Möglichkeiten gibt es?

Mit einer Tabelle findest du schnell alle Möglichkeiten.

2 Emma deckt für sich den Tisch. Wie viele verschiedene Möglichkeiten hat sie?

a) Sie kombiniert eine Tasse mit einem Teller.

b) Sie kombiniert eine Tasse mit einem Teller in einer anderen Farbe.

c) Sie kombiniert eine Tasse mit einem Teller. Sie benutzt aber keine gelbe Tasse.

3 Was kann Emma anziehen? Wie viele verschiedene Möglichkeiten gibt es?

a) Sie kombiniert eine Hose mit einem T-Shirt.

b) Sie möchte unbedingt die blaue Hose anziehen. Sie kombiniert die blaue Hose mit einem T-Shirt.

c) Sie möchte kein grünes T-Shirt anziehen. Sie überlegt, wie viele Möglichkeiten es dann gibt.

d) Emma holt noch ihre grüne Hose. Wie viele Möglichkeiten gibt es nun, eine Hose und ein T-Shirt zu kombinieren?

1 Aufgabe zur Kombinatorik lösen. Alle Möglichkeiten probierend oder zunehmend systematisch finden. Geeignete Darstellungsformen zur Dokumentation aller Möglichkeiten nutzen. Das Verwenden einer Liste bzw. Tabelle thematisieren (KV nutzen).
2, 3 Alle Möglichkeiten systematisch probierend finden und dokumentieren. Tabellen erstellen.

→ Arbeitsheft, Seite 90

Zufall und Wahrscheinlichkeit

1 Die Kinder ziehen immer einen Steckwürfel aus dem Beutel. Wie wahrscheinlich ist es, dass der gezogene Steckwürfel rot ist? Ordne die Pfeile zu.

Mit den Pfeilen kannst du zeigen, wie wahrscheinlich ein Ereignis ist.

2 a) Vermutet: Bei welchem Beutel ist die Wahrscheinlichkeit größer, dass der Steckwürfel rot ist? Begründet.

b) Prüft: Zieht aus beiden Beuteln 30-mal einen Steckwürfel und legt ihn wieder zurück. Legt eine Strichliste an.

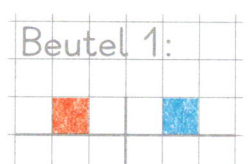 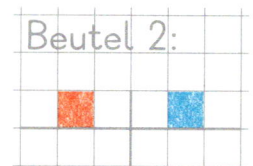

3 Vermutet: Wer könnte aus welchem Beutel 30-mal gezogen haben? Begründet.

Kim: Lara: Anton: Paul:

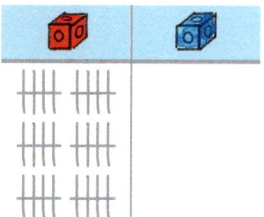  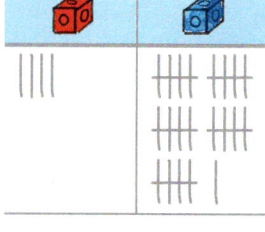

---

1 Zufallsexperimente (Ziehen mit Zurücklegen) durchführen. Vermutungen anstellen. Den Wahrscheinlichkeitsstreifen zum Vergleichen der Eintrittswahrscheinlichkeit einführen. **2** Vermutungen über die Eintrittswahrscheinlichkeit anstellen, begründen und Ergebnisse in einer Strichliste notieren. **3** Strichliste und Beutel einander zuordnen.

→ Arbeitsheft, Seite 91

Zufall und Wahrscheinlichkeit

1 Haben die Kinder recht? Was meint ihr?

2 a) Würfelt 60-mal mit einem Würfel. Erstellt eine Strichliste.

b) Würfelt 60-mal mit einem Quader. Erstellt eine Strichliste.

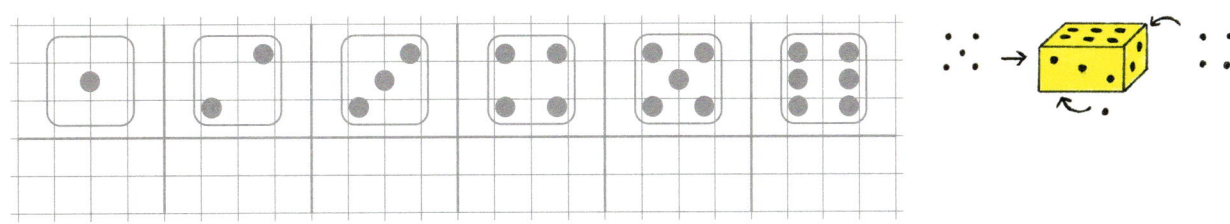

c) Vergleicht eure Ergebnisse mit den anderen Gruppen. Was fällt euch auf?

3 Die Kinder würfeln mit Würfeln und mit Quadern.
Was meint ihr zu den Aussagen der Kinder?

Tim:
Die 4 wird häufiger gewürfelt als die 6.

Jona:
Es ist möglich, eine 2 zu würfeln.

Lea:
Es ist unmöglich, eine 3 zu würfeln.

Alina:
Die 3 wird häufiger gewürfel als die 5.

Tobias:
Es ist sicher, dass ich keine 5 würfle.

Emma:
Ich würfle nie eine 7.

Paula:
Es ist unmöglich, zweimal hintereinander die gleiche Zahl zu würfeln.

1 Vermutungen zur Eintrittswahrscheinlichkeit der Augenzahlen anstellen. Dabei auf eigene Würfelerfahrung zurückgreifen. **2** Zufallsexperiment durchführen und auswerten. Gruppenergebnisse zusammenfassen, sodass die Annäherung an die erwartete Häufigkeitsverteilung noch deutlicher hervortritt. **3** Mit der eigenen Würfelerfahrung die Aussagen bewerten.

Mit Gleichungen arbeiten

1 a) Welche Gleichung passt zu welcher Rechengeschichte? Begründe.
b) Schreibe Frage, Lösung und Antwort.

1	2	3
In einem Karussell sitzen 36 Kinder. Bei der nächsten Fahrt sind es 4 Kinder mehr. Wie viele Kinder sind es nun?	In der Klasse 2c sitzen 18 Kinder an 3 Sechsertischen. 4 Kinder sitzen an Zweiertischen. Wie viele Kinder sind in der Klasse 2c?	Von den 36 Bäumen im Park verlieren nur 4 Bäume im Winter ihre Blätter. Wie viele Bäume verlieren keine Blätter?

Leon: $18 + 4 = \square$

Chris: $36 - 4 = \square$

Nils: $36 + 4 = \square$

2 Welche Kinder haben richtig überlegt? Erklärt.

Frau Richter kauft 6 Pizzen für jeweils 3 Euro und eine Kiste Limonade für 7 Euro.

Wie viel muss sie bezahlen?

Alex: $18\,€ + 7\,€ = \square\,€$

Eric: $3\,€ + 7\,€ = 10\,€$
$6 \cdot 10\,€ = \square\,€$

Sina: $3\,€ + 7\,€ = \square\,€$

Lena: $\quad 6 \cdot 3\,€ = 18\,€$
$\quad 1 \cdot 7\,€ = 7\,€$
$18 + 7\,€ = \square\,€$

3 Schreibt Frage, Lösung und Antwort zu den Texten.
Vergleicht eure Rechnungen.

Naomi kauft in der Zoohandlung 4 Packungen Hundefutter für jeweils 4 € und ein Buch über Hundehaltung für 12 €. Wie viel muss sie bezahlen?	Max bestellt für 9 Monate eine Tierzeitschrift für 3 € pro Monat und ein Comicheft für 2 € pro Monat. Wie viel Geld gibt er dafür aus? 

4 Wählt Rechnungen und schreibt passende Rechengeschichten dazu.

a)
- $45 + 18$
- $78 - 36$
- $7 \cdot 8$
- $42 : 7$

b)
- $18 + 21 + 23$
- $50 - 19 - 20$
- $24 + 12 - 9$
- $60 - 16 + 20$

128

1 Jeder Rechengeschichte eine passende Gleichung zuordnen, begründen und lösen (Frage, Lösung, Antwort). **2** Passende Gleichung erkennen und Zuordnung begründen. **3** Die Aufgaben in drei Lösungsschritten lösen. In Partnerarbeit vergleichen. **4** Rechnungen wählen. Dazu eigene Rechengeschichten erfinden und notieren.

→ Arbeitsheft, Seite 92

Mit Tabellen arbeiten

1 Löse mithilfe einer Tabelle.

Mia und Selma sammeln Murmeln.
Mia hat 6 Murmeln mehr als Selma.
Zusammen haben sie 14 Murmeln.

Wie viele Murmeln hat jeder?

Wenn Selma 2 Murmeln hat, dann hat Mia ▪.

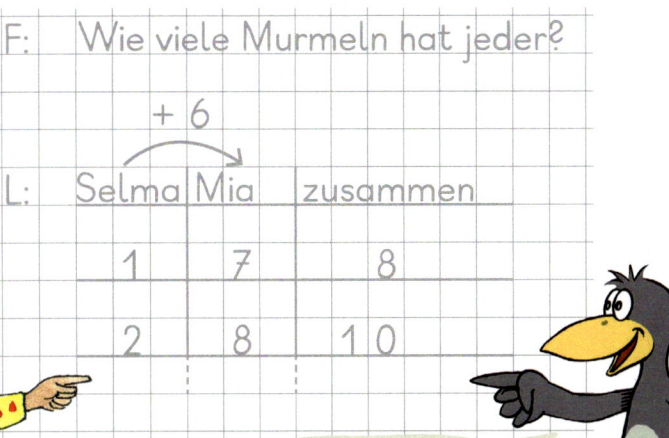

F: Wie viele Murmeln hat jeder?

L: | Selma | Mia | zusammen |
|---|---|---|
| 1 | 7 | 8 |
| 2 | 8 | 10 |

A:

Das sind noch nicht 14 Murmeln.

2 Löse mithilfe einer Tabelle.

a) Mark und Pia sammeln Murmeln.
Mark hat 8 Murmeln mehr als Pia.
Zusammen haben sie 22 Murmeln.

Wie viele Murmeln hat jeder?

b) Jan und Marie sammeln Murmeln.
Jan hat 7 Murmeln mehr als Marie.
Zusammen haben sie 21 Murmeln.

Wie viele Murmeln hat jeder?

3 Löse mithilfe einer Tabelle.

a) Lukas und Maja haben zusammen 27 Euro gespart.
Maja hat schon doppelt so viel Geld gespart wie Lukas.

Wie viel Geld hat jeder?

b) Bodo und Julius sammeln Fußballkarten.
Bodo hat 7 Karten mehr als Julius.
Zusammen haben sie 31 Karten.

Wie viele Fußballkarten hat jeder?

c) David und Katja vergleichen ihr Alter: Katja ist nur halb so alt wie David.
Zusammen sind sie 27 Jahre alt.

Wie alt ist Katja?
Wie alt ist David?

d) Albert überlegt: Ich bin dreimal so alt wie mein Bruder Justus.
Zusammen sind wir 16 Jahre alt.

Wie alt ist Albert?
Wie alt ist sein Bruder Justus?

129

Mit Diagrammen arbeiten

1 Die Klasse 2 der Berg-Grundschule erforscht die Haarfarben der Kinder.

Jeder hat einen Würfel bei seiner Farbe gesteckt.

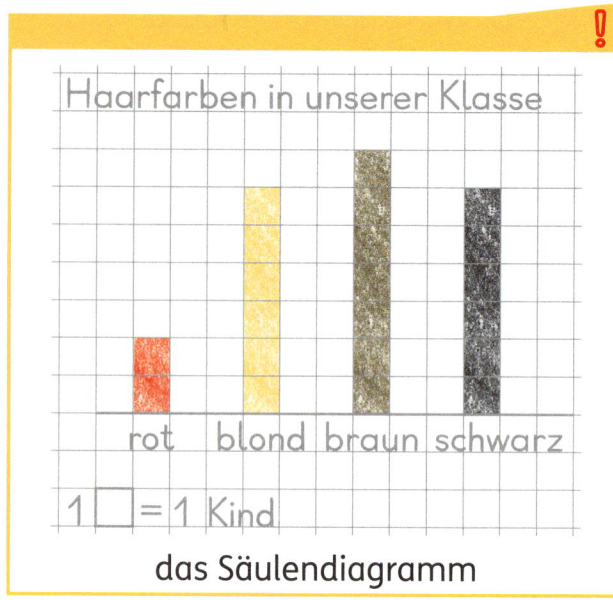

das Säulendiagramm

a) Wie viele Kinder haben rote (blonde, braune, schwarze) Haare?
b) Welche Haarfarben habt ihr? Baut und zeichnet ein Säulendiagramm.

2 Auch die Klassen 3 und 4 haben ihre Haarfarben ermittelt. Zeichne auch für sie Säulendiagramme.

Klasse 3:

rot	blond	braun	schwarz
l	llll lll	llll ll	llll lll

Klasse 4:

rot	blond	braun	schwarz
0	8	10	5

3 Beantworte die Fragen zum Balkendiagramm.
a) Wie viele Mädchen der 2. Klasse erhielten eine Urkunde?
b) Wie viele Jungen der 4. Klasse erhielten eine Urkunde?
c) In welcher Klasse bekamen die meisten Jungen eine Urkunde?
d) Wie viele Drittklässler bekamen eine Urkunde?
e) Wie viele Kinder der ganzen Grundschule bekamen eine Urkunde?

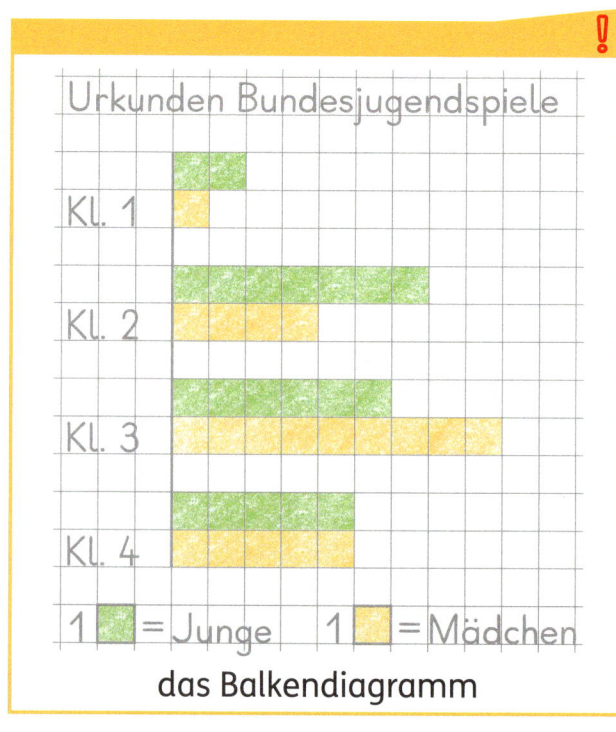

das Balkendiagramm

Mit Daten und Tabellen arbeiten

1 Die Kinder haben Daten ihrer Klasse gesammelt:

Klassensteckbrief			
Name	Alter	Größe	Augenfarbe
Alina	8	1 m 22 cm	braun
Cedric	7	1 m 18 cm	grün
Pia	8	1 m 29 cm	blau
Eric	9	1 m 32 cm	braun
Mia	9	1 m 31 cm	blau
Jonas	8	1 m 26 cm	braun

Augenfarbe	
blau	II
braun	III
grau	
grün	II

a) Welche Daten kann man aus den Tabellen ablesen?
b) Wie groß ist Cedric?
c) Welches Kind ist das kleinste und welches Kind ist das größte?
d) Stellt euch eigene Fragen zu dem Klassensteckbrief.

> Aus dem Steckbrief erstelle ich eine Strichliste zur Augenfarbe.

> Daten können Wörter oder Zahlen sein.

2 Sammelt Daten in eurer Klasse. Schreibt einen Klasssensteckbrief.

Klassensteckbrief unserer Klasse:				
Name	Alter	Größe	Augenfarbe	Lieblingstier

a) Nutzt den Klassensteckbrief: Erstellt eine Strichliste zu den Augenfarben.
b) Welche Augenfarbe kommt in eurer Klasse am häufigsten (am wenigsten) vor?
c) Erstellt weitere Strichlisten zu den Daten aus eurem Steckbrief.

3 Erstelle einen Steckbrief mit den Ergebnissen der Mädchen vom Sportfest.

Rahel	Sarah	Olga	Elisa
Sprung: 2 m 16 cm	Sprung: 2 m 44 cm	Sprung: 1 m 90 cm	Sprung: 2 m 10 cm
Wurf: 18 m	Wurf: 17 m	Wurf: 9 m	Wurf: 21 m

Alina	Tabea	Maria	Samira
Sprung: 3 m 5 cm	Sprung: 2 m 6 cm	Sprung: 2 m 25 cm	Sprung: 2 m 38 cm
Wurf: 22 m	Wurf: 12 m	Wurf: 19 m	Wurf: 14 m

1 Häufigkeits- und Datenbanktabellen kennenlernen und daraus Daten entnehmen. **2** Selbst Daten erheben und einen Steckbrief erstellen (KV nutzen). Häufigkeit mithilfe von Strichlisten ermitteln. **3** Steckbrief und Strichlisten erstellen. Weiterführung: Tabellen zu eigenen Sportergebnissen der Klasse erstellen.

→ Arbeitsheft, Seite 94

Wiederholung

1
a)	b)	c)	d)
28 + 16	58 + 37	82 − 23	86 − 28
27 + 27	34 + 49	93 − 44	82 − 13
17 + 29	67 + 18	76 − 28	71 − 13
19 + 37	18 + 75	95 − 39	92 − 58
46 + 48	36 + 39	72 − 27	66 − 39

🔑
44 46 54   73 75 83   45 48 49   24 27 34
56 94 96   85 93 95   55 56 59   58 58 69

2 Löse die Zauberdreiecke.

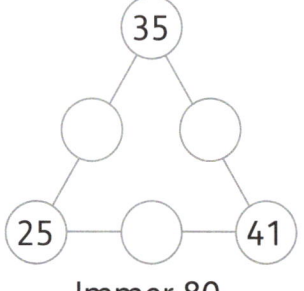
a) Immer 80.

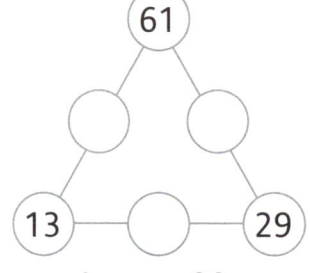
b) Immer 90.

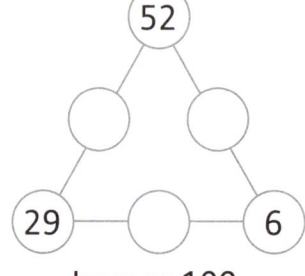
c) Immer 100.

3 Wie viel Geld ist es?

a)

b)

c)

d)

e)

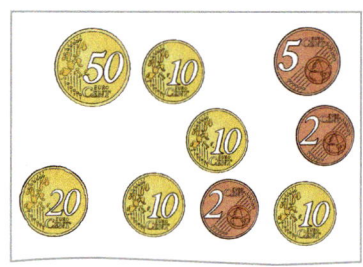
f)

4 Welche Kinder haben richtig überlegt? Schreibe Frage, Lösung und Antwort.

Im Kühlschrank stehen 10er-Eierschachteln. 2 Schachteln sind voll, in einer sind nur noch 5 Eier. Wie viele Eier sind im Kühlschrank?

Hanna: 10 + 5 =

Moritz: 20 + 5 =

Lio: 10 · 2 = 20
20 + 5 =

Ava: 5 + 2 = 7
2 · 7 =

1 Additions- und Subtraktionsaufgaben lösen. 2 Zauberdreiecke vervollständigen. Aufgabenformat ins Heft übertragen oder KV nutzen. 3 Geldbeträge bestimmen und umwandeln. 4 Passende Gleichungen erkennen. Die Aufgabe anschließend in drei Lösungsschritten (Frage, Lösung, Antwort) lösen.

→ Arbeitsheft, Seite 95

5
a) 27 + 25 + 23
45 + 18 + 22
28 + 37 + 12
19 + 26 + 38
29 + 14 + 46

b) 19 + 27 + 18
21 + 18 + 29
23 + 15 + 28
13 + 33 + 10
17 + 31 + 14

c) 86 − 28 − 20
82 − 13 − 35
71 − 23 − 21
92 − 58 − 6
90 − 27 − 37

d) 82 − 11 − 26
94 − 29 − 16
88 − 14 − 19
97 − 12 − 26
84 − 16 − 27

73 75 77
83 85 89

56 58 62
64 66 68

26 27 28
34 37 38

41 45 47
49 55 59

6 Finde die fehlenden Zahlen und Rechenzeichen.

a) ▨ + 16 = 54
45 − ▨ = 11
▨ + 28 = 56
▨ − 45 = 46
17 + ▨ = 92

b) 22 ▨ 15 = 37
54 − ▨ = 28
62 ▨ 5 = 57
19 + ▨ = 54
64 ▨ 17 = 47

c) ▨ − 25 = 23
59 ▨ 17 = 76
99 − ▨ = 57
51 ▨ 33 = 18
46 ▨ 15 = 61

d) 5▨ ▨ 37 = 90
65 ▨ ▨9 = 36
18 ▨ ▨ = 79
3▨ ▨ 17 = 17
23 ▨ ▨4 = 3▨

7 Was kann Emma anziehen? Wie viele verschiedene Möglichkeiten gibt es?

a) Sie wählt eine Hose und ein T-Shirt.
b) Sie möchte auf jeden Fall eine kurze Hose anziehen.
c) Sie möchte nichts Blaues anziehen.
d) Sie möchte etwas Gelbes anziehen.
e) Sie möchte nichts Grünes und nichts Gelbes anziehen.

8 Frage, löse und antworte.

a) Ivan kauft eine Brezel und einen Saft. Wie viel muss er bezahlen?
b) Jule kauft eine Grillwurst und ein Mineralwasser. Wie viel muss sie bezahlen?
c) Lisa kauft 2 Brezeln und eine Schorle. Sie bezahlt mit 4 €. Wie viel Geld bekommt sie zurück?
d) Familie Huber kauft 3 Grillwürste, 2-mal Kartoffelsalat und 1-mal Pommes frites. Wie viel muss Familie Huber bezahlen?

Schulfest	
Essen:	
Brezel	80 ct
Grillwurst	3 € 20 ct
Kartoffelsalat	1 € 30 ct
Pommes frites	1 € 70 ct
Trinken:	
Mineralwasser	1 €
Saft, Schorle	2 € 20 ct

Rückblick

1 a) 3 · 5 b) 10 · 6 c) 6 · 2 d) 9 · 8 e) 3 · 4
2 · 5 3 · 6 2 · 2 1 · 8 5 · 4
5 · 5 7 · 6 4 · 2 10 · 8 8 · 4
6 · 5 9 · 6 0 · 2 3 · 8 6 · 4
8 · 5 2 · 6 7 · 2 5 · 8 2 · 4

2 a) 27 : 3 b) 15 : 5 c) 80 : 10 d) 12 : 4 e) 14 : 7
18 : 3 5 : 5 50 : 10 20 : 4 63 : 7
3 : 3 35 : 5 30 : 10 24 : 4 28 : 7
21 : 3 10 : 5 60 : 10 40 : 4 49 : 7
6 : 3 45 : 5 10 : 10 32 : 4 35 : 7

3 a) 8 : 3 b) 6 : 4 c) 8 : 5 d) 9 : 6 e) 17 : 9
10 : 3 10 : 4 12 : 5 12 : 6 24 : 9
13 : 3 12 : 4 16 : 5 15 : 6 30 : 9
16 : 3 17 : 4 20 : 5 19 : 6 36 : 9
21 : 3 19 : 4 23 : 5 26 : 6 51 : 9

4 Wie spät ist es? Schreibe beide Uhrzeiten.

a)  b)  c)  d)  e)

f)  g)  h)  i)  j)

5 Aus welchen geometrischen Körpern bestehen die Gebäude? Wie viele sind es jeweils?

a) 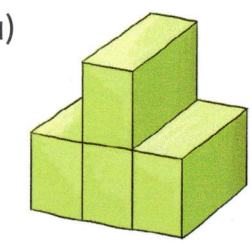 b)  c)

134 1, 2 Multiplikations- und Divisionsaufgaben lösen. 3 Divisionsaufgaben mit Rest lösen. 4 Uhrzeiten ablesen und beide Uhrzeiten notieren. 5 Erkennen, aus welchen Körpern die Gebäude gebaut sind und diese jeweils zählen.

Knobeln mit Zahlen

1 Welches Zeichen steht für welche Zahl?

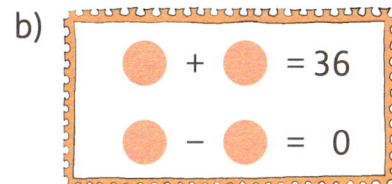

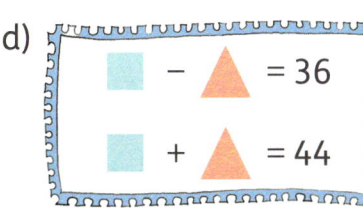

2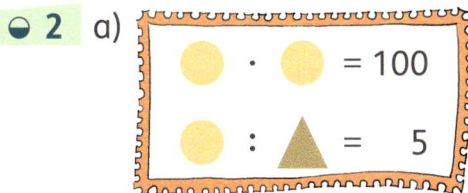

3 Welches Zeichen steht für welche Zahl?

4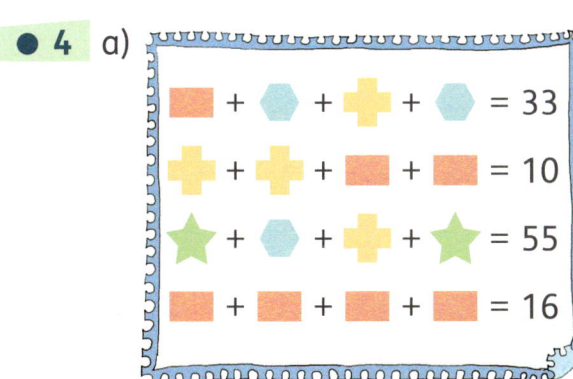

1–4 Gleiches Symbol bedeutet gleiche Zahl. Lösungen finden und im Heft notieren (ggf. KV verwenden).

→ Arbeitsheft, Seite 96

Basiswissen

Zahlen

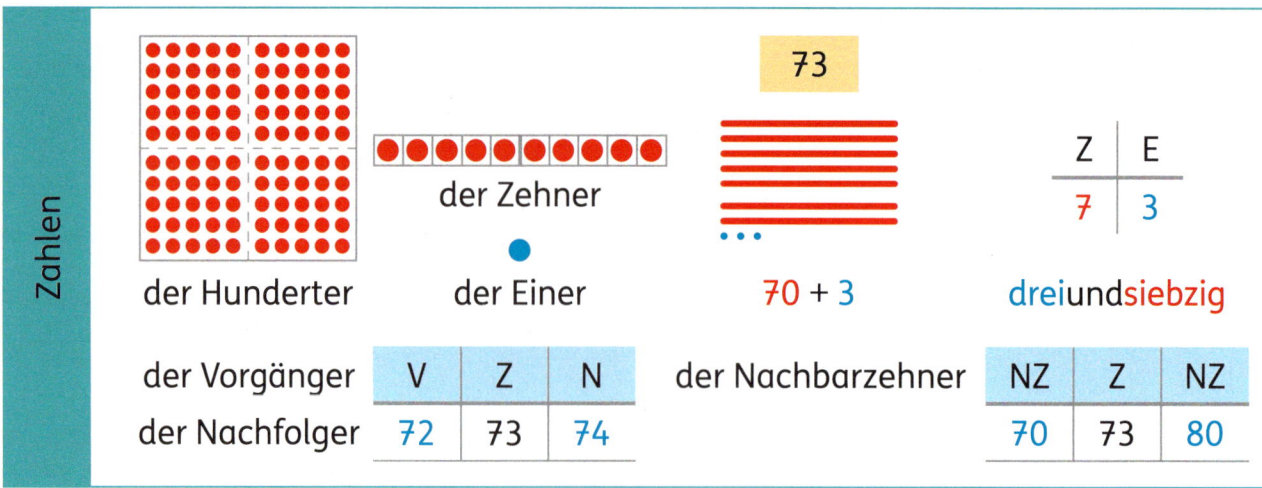

der Vorgänger	V	Z	N
der Nachfolger	72	73	74

der Nachbarzehner	NZ	Z	NZ
	70	73	80

Rechnen

plus und minus

37 + 24 = 61	37 + 24 = 61	43 − 27 = 16	43 − 27 = 16
30 + 20 = 50	37 + 20 = 57	43 − 20 = 23	43 − 7 = 36
7 + 4 = 11	57 + 4 = 61	23 − 7 = 16	36 − 20 = 16

mal und geteilt

Kernaufgaben zusammensetzen

7 · 8 = 56   9 · 8 = 72
5 · 8 = 40   10 · 8 = 80
2 · 8 = 16   1 · 8 = 8

die Tauschaufgabe
4 · 7 = 28
7 · 4 = 28

die Umkehraufgabe
4 · 7 = 28
28 : 7 = 4

Größen

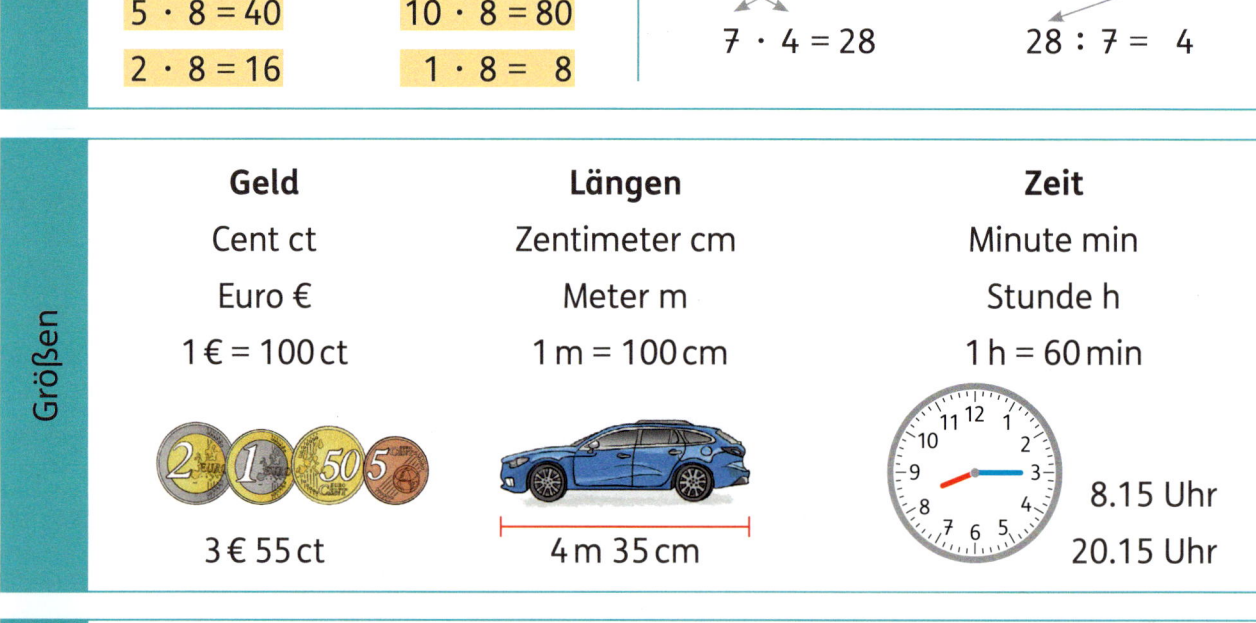

Geometrie

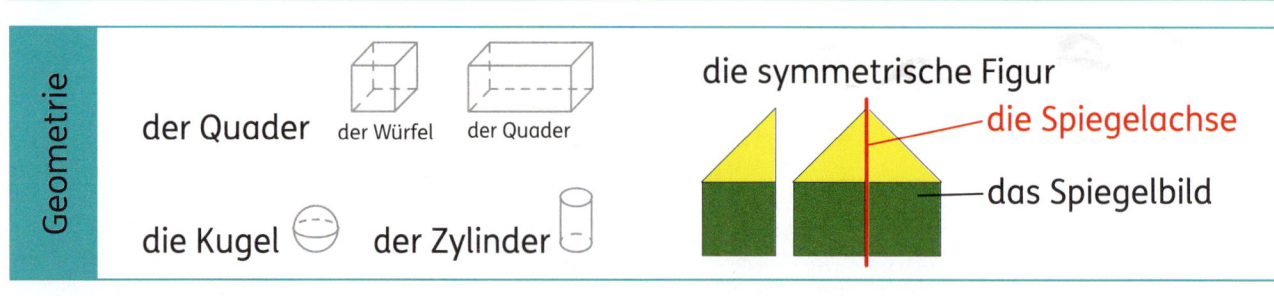